DELIZIOSE RICETTE AL MICROONDE 2022

RICETTE FACILI E VELOCI PER PRINCIPIANTI

VERONICA MAZZARRI

Sommario

Fonduta di formaggio *15*

Fonduta al sidro *16*

Fonduta con succo di mela *16*

Fonduta Rosa *16*

Fonduta Affumicata *17*

Fonduta di birra tedesca *17*

Fonduta al fuoco *17*

Fonduta al curry *17*

fonduta *18*

Finta Fonduta Di Pomodoro E Formaggio *18*

Finta fonduta di formaggio e sedano *19*

Fonduta italiana di formaggio, panna e uova *20*

Fonduta di fattoria olandese *21*

Fonduta di Fattoria con un Calcio *22*

Uovo al forno in stile flamenco *23*

Budino Di Pane E Burro Formaggio E Prezzemolo *24*

Budino di pane e burro, formaggio e prezzemolo con anacardi *25*

Budino di pane e burro ai quattro formaggi 25

Focaccine di formaggio e uova 26

Budino di formaggio e pomodoro capovolto 27

Focaccine per pizza 28

Spigola allo zenzero con cipolle 29

Pacchetti di trote 30

Rana pescatrice brillante con fagioli sottili 31

Splendore di gamberi con Mangetout 32

Merluzzo della Normandia con sidro e Calvados 33

Paella Di Pesce 35

Aringhe in carpione 37

Moules Marinières 38

Sgombro con salsa di rabarbaro e uvetta 40

Aringhe con salsa di mele 41

Carpa in salsa di gelatina 42

Rollmops alle Albicocche 43

Aringa affumicata 44

Madras di gamberi 45

Involtini di platessa al Martini con salsa 46

Ragù Di Crostacei Con Noci 48

Salsa di merluzzo 50

Stufato Di Merluzzo Affumicato *51*

Rana pescatrice in salsa di crema al limone dorato *52*

Sogliola in salsa di crema di limone dorato *54*

Olandese al salmone *54*

Olandese al salmone con coriandolo *55*

Fiocco Di Maionese Di Salmone *56*

Salmone arrosto alla mediterranea *57*

Kedgeree con curry *58*

Kedgeree con salmone affumicato *59*

Quiche Di Pesce Affumicato *60*

Gumbo di gamberi della Louisiana *61*

Gumbo di rana pescatrice *62*

Gumbo misto di pesce *62*

Trota Con Mandorle *63*

Gamberoni alla provenzale *64*

Platessa al Sedano con Mandorle Tostate *65*

Filetti al Sugo di Pomodoro con Maggiorana *66*

Filetti in Salsa Di Funghi Con Crescione *66*

Baccalà schiacciato con uova in camicia *67*

Eglefino e verdure in salsa di sidro *69*

Torta di mare *70*

Toppers di pesce fumoso *72*

Filetti di Coley con porri e marmellata di limoni *73*

Pesce di mare in una giacca *74*

Merluzzo svedese con burro fuso e uova *75*

Frutti di mare alla Stroganoff *76*

Tonno Fresco Stroganoff *77*

Supremo Ragù Di Pesce Bianco *77*

mousse al salmone *79*

Mousse al salmone di Dieters *81*

Giorno del Granchio *81*

Tonno Mornay *83*

Mattinata di salmone rosso *83*

Combinazione di frutti di mare e noci *83*

Anello di salmone con aneto *85*

Anello Di Pesce Misto Con Prezzemolo *86*

Casseruola Di Merluzzo Con Pancetta E Pomodori *87*

Pentola per pesci di Slimmers *88*

Pollo arrosto *91*

Pollo Arrosto Glassato *92*

Pollo Tex-Mex *93*

Pollo Incoronazione *94*

Veronica di pollo *95*

Pollo in salsa di aceto con dragoncello *96*

Pollo arrosto danese con ripieno di prezzemolo *97*

Simla di pollo *97*

Pollo piccante con cocco e coriandolo *98*

Coniglio piccante *99*

Tacchino piccante *99*

Bredie Di Pollo Con Pomodori *100*

Pollo cotto rosso cinese *101*

Ali di pollo aristocratiche *102*

Chow Mein Di Pollo *103*

pollo alla cinese *104*

Pollo cinese marinato espresso *104*

Pollo di Hong Kong con verdure miste e germogli di soia *105*

Pollo con salsa al drago d'oro *106*

Alette di pollo allo zenzero con lattuga *107*

Pollo al cocco di Bangkok *108*

pollo al satay *109*

Pollo alle arachidi *110*

Pollo indiano con yogurt *111*

Pollo giapponese con uova *112*

Casseruola Di Pollo Portoghese 113

Casseruola di pollo piccante all'inglese 114

Pollo Tandoori di Compromesso 115

paella 117

Paella con Pimientos 118

Pollo all'Amandina 119

Pollo Amandine Con Pomodoro E Basilico 120

Divano di pollo 121

Pollo in salsa di panna con sedano 122

Pollo in salsa di panna con patatine 122

Pollo alla Re 123

Turchia alla re 124

Pollo à la King con formaggio 124

Frittelle di pollo à la King 124

Brasato di fegato di pollo di Slimmers 125

Brasato di fegato di tacchino di Slimmers 126

Tetrazzini di pollo 127

Casseruola a strati di pollo e verdure miste 128

Pollo al miele su riso 129

Pollo in salsa di rum bianco con lime 130

Pollo in salsa di brandy con arancia 131

Cosce in Salsa Barbecue con Pasta Baby *132*

Pollo in salsa di talpa messicana *133*

Alette di pollo in salsa barbecue con pasta per bambini *134*

Jambalaya di pollo *135*

Jambalaya di Turchia *136*

Pollo Con Castagne *137*

Gumbo di pollo *138*

Gumbo di tacchino *140*

Petti di pollo con crema di arancia marrone *140*

Pollo in salsa cremosa di peperoni *141*

Tacchino in salsa cremosa di peperoni *142*

Pollo dei boschi *143*

Pollo Con Mele E Uvetta *144*

Pollo Con Pere E Uvetta *145*

Pollo Al Pompelmo *146*

Pollo ungherese e verdure miste *147*

Pollo alla Bourguignonne *148*

Fricassea di pollo *150*

Fricassée di pollo al vino *151*

Suprema di pollo *152*

Coq au Vin *152*

Coq au Vin con funghi 153

Coq alla Cola 153

Bacchette con rivestimento alla diavola 154

pollo alla cacciatora 155

Pollo alla cacciatora 156

pollo alla Marengo 156

Pollo al sesamo 157

Capitano di campagna 158

Pollo in salsa di pomodoro e capperi 160

paprika di pollo 162

Pollo alle sfumature dell'est 164

Nasi Goreng 166

Tacchino arrosto 167

Turchia spagnola 168

Tacos alla Turchia 169

Tacos di frittelle 171

Pagnotta Di Tacchino 171

Curry di tacchino anglo-madras 172

Curry di tacchino alla frutta 173

Torta Di Tacchino Pane E Burro 174

Casseruola Di Tacchino E Riso Con Ripieno 176

Petto di tacchino con glassa all'arancia 177

Anatra in agrodolce 178

Canton Anatra 179

Anatra con salsa all'arancia 180

Anatra alla francese 182

Arrosto di carne disossata e arrotolata 185

Braciole di Maiale in Agrodolce con Arancia e Lime 186

Pagnotta Di Carne 187

Terrina di tacchino e salsiccia 188

Costolette Di Maiale Con Condimento Zippy 188

Casseruola Hawaiana Di Maiale E Ananas 189

Casseruola hawaiana di gammon e ananas 190

Gammon festivo 191

Galà Gammon smaltato 192

Paella con salame spagnolo 193

Polpette alla svedese 193

Arrosto di maiale con ciccioli 195

Arrosto di maiale al miele 195

Braciole Di Maiale Con Cavolo Rosso 196

Filetti Di Maiale Alla Romana 197

Filetto Di Maiale E Casseruola Di Verdure 198

Costolette Di Maiale Al Peperoncino 199

Carne di maiale con chutney e mandarini 200

Costolette "alla brace" 201

Cicoria avvolta nel prosciutto in salsa di formaggio 202

Costine di maiale in salsa barbecue all'arancia appiccicosa 204

Budino Di Bistecca E Funghi 205

Bistecca e Budino di Rene 207

Budino Di Bistecca E Castagne 207

Budino Di Bistecca E Noci Sottaceto Con Prugne 208

Carne "tritata" sudamericana 208

Carne brasiliana "tritata" con uova e olive 209

Il Panino Ruben 209

manzo alla Chow Mein 210

Braciola Di Manzo Suey 210

Casseruola Di Melanzane E Manzo 210

Polpette Al Curry 212

polpette italiane 213

Polpette veloci alla paprika 214

Fetta di buffet di manzo alle erbe 216

Manzo alle arachidi alla malese con cocco 218

Pagnotta veloce di manzo e maionese 219

Fonduta di formaggio

Serve 6

Nata in Svizzera, Cheese Fondue è il beniamino après-ski delle località alpine o di qualsiasi altro luogo con neve alta sulle alte vette. Immergere il pane in una pentola comune di formaggio fuso aromatico è uno dei modi più conviviali, divertenti e rilassanti per godersi un pasto con gli amici e non c'è miglior aiuto in cucina per questo del microonde. Servire con piccole gocce di Kirsch e tazze di tè caldo al limone per un'atmosfera autentica.

1–2 spicchi d'aglio, sbucciati e tagliati a metà
175 g/6 oz/1½ tazze di Emmental, grattugiato
450 g di formaggio Gruyère (svizzero), grattugiato
15 ml/1 cucchiaio di farina di mais (amido di mais)
300 ml/½ pt/1¼ tazze di vino della Mosella
5 ml/1 cucchiaino di succo di limone
30 ml/2 cucchiai di Kirsch
Sale e pepe nero appena macinato
Pane francese a cubetti, da intingere

Premi i lati tagliati delle metà dell'aglio contro i lati di un piatto di vetro o ceramica profondo 2,5 litri/4½ pt/11 tazze. In alternativa, per un gusto più deciso, schiacciate l'aglio direttamente nel piatto. Aggiungere entrambi i formaggi, la maizena, il vino e il succo di limone. Cuocere, senza coperchio, a fuoco Pieno per 7–9 minuti, mescolando quattro volte, fino a quando la fonduta inizia a bollire delicatamente. Togliere dal microonde e unire il Kirsch. Condire bene a piacere. Portare il piatto in tavola e mangiare infilzando un cubetto di pane su una lunga forchetta da fonduta, facendolo roteare nel composto di formaggio, quindi sollevandolo.

Fonduta al sidro

Serve 6

Preparare come per la fonduta di formaggio, ma sostituire il vino con il sidro secco e il calvados per il Kirsch e servire i cubetti di mela dalla buccia rossa e i cubetti di pane per intingere.

Fonduta con succo di mela

Serve 6

Una Fonduta analcolica dal gusto morbido e adatta a tutte le età.

Preparare come per la Cheese Fondue, ma sostituire il vino con il succo di mela e omettere il Kirsch. Se necessario, diluire con un po' di acqua calda.

Fonduta Rosa

Serve 6

Preparare come per la fonduta di formaggio, ma sostituire con 200 g di formaggio Cheshire bianco, formaggio Lancashire e formaggio

Caerphilly per i formaggi Emmental e Gruyère (svizzeri) e vino rosato per il vino bianco.

Fonduta Affumicata

Serve 6

Preparare come per la fonduta di formaggio, ma sostituire 200 g di formaggio affumicato con metà del formaggio Gruyère (svizzero). Invariata la quantità di Emmental.

Fonduta di birra tedesca

Serve 6

Preparare come per la Cheese Fondue, ma sostituire il vino con la birra e il Kirsch con il brandy.

Fonduta al fuoco

Serve 6

Preparare come per la fonduta di formaggio, ma aggiungere 2–3 peperoncini rossi privati dei semi e tritati molto finemente, subito dopo la maizena (amido di mais).

Fonduta al curry

Serve 6

Preparare come per la fonduta di formaggio, ma aggiungere 10–15 ml/2–3 cucchiaini di pasta di curry dolce con i formaggi e sostituire il Kirsch con la vodka. Usa pezzi di pane indiano riscaldato per intingere.

fonduta

Serve 4–6

Una versione italiana della fonduta di formaggio, spropositata.

Preparare come per la fonduta di formaggio, ma sostituire la fontina italiana per il gruviera (svizzero) e l'emmental, vino bianco italiano secco per la Mosella e marsala per il Kirsch.

Finta Fonduta Di Pomodoro E Formaggio

Serve 4–6

225 g/8 oz/2 tazze di formaggio Cheddar maturo, grattugiato
125 g/4 oz/1 tazza di formaggio Lancashire o Wensleydale, sbriciolato
300 ml/10 fl oz/1 lattina di zuppa di pomodoro condensata
10 ml/2 cucchiaini di salsa Worcestershire
Una spruzzata di salsa al peperoncino
45 ml/3 cucchiai di sherry secco
Pane ciabatta riscaldato, per servire

Mettere tutti gli ingredienti tranne lo sherry in un piatto di vetro o ceramica da 1,25 litri/2¼ pt/5½ tazze. Cuocere, senza coperchio, su

Defrost per 7–9 minuti, mescolando tre o quattro volte, fino a quando la fonduta non si sarà addensata. Togliere dal microonde e aggiungere lo sherry. Da mangiare con pezzi di ciabatta calda.

Finta fonduta di formaggio e sedano

Serve 4–6

Preparare come per la finta cheese e la fonduta di pomodoro, ma sostituire la zuppa di pomodoro condensata con la zuppa di sedano e insaporire con il gin invece dello sherry.

Fonduta italiana di formaggio, panna e uova

Serve 4–6

1 spicchio d'aglio, schiacciato
50 g di burro non salato (dolce), a temperatura di cucina
450 g di fontina, grattugiata
60 ml/4 cucchiai di farina di mais (amido di mais)
300 ml/½ pt/1¼ tazze di latte
2,5 ml/½ cucchiaino di noce moscata grattugiata
Sale e pepe nero appena macinato
150 ml/¼ pt/2/3 tazze di panna da montare
2 uova, sbattute
Pane italiano a cubetti, per servire

Mettere l'aglio, il burro, il formaggio, l'amido di mais, il latte e la noce moscata in un piatto di vetro o di ceramica profondo da 2,5 litri/4½ pt/11 tazze. Condire a piacere. Cuocere, senza coperchio, a fuoco Pieno per 7–9 minuti, mescolando quattro volte, fino a quando la fonduta inizia a bollire delicatamente. Togliere dal microonde e incorporare la panna. Cuocere, senza coperchio, a fuoco pieno per 1 minuto. Togliere dal microonde e sbattere gradualmente le uova. Servire con pane italiano per immersione.

Fonduta di fattoria olandese

Serve 4–6

Una fonduta morbida e delicata, abbastanza delicata per i bambini.

1 spicchio d'aglio, schiacciato
15 ml/1 cucchiaio di burro
450 g di formaggio Gouda, grattugiato
15 ml/1 cucchiaio di farina di mais (amido di mais)
20 ml/4 cucchiaini di senape in polvere
Un pizzico di noce moscata grattugiata
300 ml/½ pt/1¼ tazza di latte intero
Sale e pepe nero appena macinato
Pane a cubetti, per servire

Mettere tutti gli ingredienti in un piatto di vetro o ceramica profonda da 2,5 litri/4½ pt/11 tazze, condendo bene a piacere. Cuocere, senza coperchio, a fuoco Pieno per 7–9 minuti, mescolando quattro volte, fino a quando la fonduta inizia a bollire delicatamente. Portare il piatto in tavola e mangiare infilzando un cubetto di pane su una lunga forchetta da fonduta, facendolo roteare nel composto di formaggio, quindi sollevandolo.

Fonduta di Fattoria con un Calcio

Serve 4–6

Preparare come per la fonduta della fattoria olandese, ma aggiungere 30–45 ml/2–3 cucchiai di Genever (gin olandese) dopo la cottura.

Uovo al forno in stile flamenco

Serve 1

Burro fuso o margarina
1 pomodoro piccolo, sbollentato, spellato e tritato
2 cipollotti (scalogno), tritati
1–2 olive ripiene, affettate
5 ml/1 cucchiaino di olio
15 ml/1 cucchiaio di prosciutto cotto, tritato finemente
1 uovo
Sale e pepe nero appena macinato
15 ml/1 cucchiaio di panna (pesante) o crème fraîche
5 ml/1 cucchiaino di prezzemolo, erba cipollina o coriandolo (coriandolo) tritati molto finemente

Spennellare un piccolo stampino (coppa per crema pasticcera) o un singolo piatto da soufflé con burro fuso o margarina. Aggiungere il pomodoro, i cipollotti, le olive, l'olio e il prosciutto. Coprire con un piattino e scaldare a fuoco pieno per 1 minuto. Rompi delicatamente l'uovo e buca il tuorlo due volte con uno spiedino o la punta di un coltello. Condire bene a piacere. Ricoprire con la crema e cospargere con le erbe aromatiche. Coprire come prima e cuocere su Defrost per 3 minuti. Lasciar riposare per 1 minuto prima di mangiare.

Budino Di Pane E Burro Formaggio E Prezzemolo

Serve 4–6

4 fette grandi di pane bianco
50 g/2 oz/¼ di tazza di burro, a temperatura di cucina
175 g/6 oz/1½ tazze di formaggio Cheddar di colore arancione
45 ml/3 cucchiai di prezzemolo tritato
600 ml/1 pt/2½ tazze di latte freddo
3 uova
5 ml/1 cucchiaino di sale
Paprica

Spalmate il pane con il burro e tagliate ogni fetta in quattro quadrati. Imburrare bene una teglia da 1,75 litri/3 pt/7½ tazze. Disporre metà dei quadrati di pane, imburrati verso l'alto, sul fondo della teglia. Cospargete con due terzi del formaggio e tutto il prezzemolo. Disporre il pane rimanente sopra, con i lati imburrati verso l'alto. Versare il latte in una brocca e scaldare, senza coperchio, su Full per 3 minuti. Sbattere le uova fino a renderle spumose, quindi aggiungere gradualmente il latte. Unire il sale. Versare delicatamente sul pane e burro. Cospargete la superficie con il formaggio rimasto e spolverizzate con la paprika. Coprite con carta da cucina e cuocete su Defrost per 30 minuti. Lasciar riposare per 5 minuti, quindi rosolare sotto una griglia ben calda (broiler), se piace, prima di servire.

Budino di pane e burro, formaggio e prezzemolo con anacardi

Serve 4–6

Preparare come per il budino di pane e burro, formaggio e prezzemolo, ma aggiungere 45 ml/3 cucchiai di anacardi, tostati e tritati grossolanamente, con il formaggio e il prezzemolo.

Budino di pane e burro ai quattro formaggi

Serve 4–6

Preparare come per il Bread and Butter Cheese e il Prezzemolo Pudding, ma utilizzare una miscela di Cheddar grattugiato, Edam, Red Leicester e Stilton sbriciolati. Sostituire il prezzemolo con quattro cipolle sottaceto tritate.

Focaccine di formaggio e uova

Serve 4

Zuppa di funghi condensata da 300 ml/10 fl oz/1 barattolo
45 ml/3 cucchiai di crema singola (leggera).
125 g/4 oz/1 tazza di formaggio Red Leicester, grattugiato
4 focaccine tostate calde
4 uova appena in camicia

Mettere la zuppa, la panna e metà del formaggio in una ciotola da 900 ml. Riscaldare, senza coperchio, su Full per 4-5 minuti fino a quando non sarà caldo e liscio, sbattendo ogni minuto. Adagiate ogni focaccina su un piatto caldo e guarnite con un uovo. Ricoprire con il composto di funghi, cospargere con il formaggio rimasto e scaldare uno alla volta su Full per circa 1 minuto fino a quando il formaggio non sarà sciolto e spumeggiante. Mangia subito.

Budino di formaggio e pomodoro capovolto

Serve 4

225 g/8 oz/2 tazze di farina autolievitante (autolievitante).
5 ml/1 cucchiaino di senape in polvere
5 ml/1 cucchiaino di sale
125 g/4 oz/½ tazza di burro o margarina
125 g/4 oz/1 tazza di formaggio Edam o Cheddar, grattugiato
2 uova, sbattute
150 ml/¼ pt/2/3 tazza di latte freddo
4 pomodori grandi, sbollentati, spellati e tagliati a pezzetti
15 ml/1 cucchiaio di prezzemolo tritato o coriandolo (coriandolo)

Ungete con il burro una bacinella rotonda profonda da 1,75 litri/3 pt/7½ tazze di budino. Setacciare la farina, la senape in polvere e 2,5 ml/½ cucchiaino di sale in una ciotola. Strofinare finemente il burro o la margarina, quindi aggiungere il formaggio. Mescolare fino a ottenere una consistenza morbida con le uova e il latte. Distribuire uniformemente nella bacinella preparata. Cuocere, senza coperchio, a fuoco pieno per 6 minuti. Mescolare i pomodori con il sale rimanente. Mettere in una ciotola poco profonda e coprire con un piatto. Togliere il budino dal forno e capovolgere con cura in una pirofila. Coprite con carta da cucina e cuocete a Pieno per altri 2 minuti. Sfornare e coprire con un foglio di carta stagnola per mantenere il calore. Mettere i pomodorini nel microonde e scaldare su Pieno per 3 minuti. Versare sopra il budino, cospargere con le erbe aromatiche e servire caldo.

Focaccine per pizza

Serve 4

45 ml/3 cucchiai di passata di pomodoro (pasta)
30 ml/2 cucchiai di olio d'oliva
1 spicchio d'aglio, schiacciato
4 focaccine tostate calde
2 pomodori, affettati sottilmente
175 g di mozzarella, a fette
12 olive nere

Mescolare insieme la passata di pomodoro, l'olio d'oliva e l'aglio e spalmarli sulle focaccine. Disporre sopra le fette di pomodoro. Coprite con il formaggio e borchiate con le olive. Scaldare uno alla volta su Full per circa 1–1½ minuti fino a quando il formaggio inizia a sciogliersi. Mangia subito.

Spigola allo zenzero con cipolle

Serve 8

Una specialità cantonese e un piatto tipico cinese a buffet.

2 branzini, 450 g ciascuno, puliti ma lasciati a testa
8 cipollotti (scalogno)
5 ml/1 cucchiaino di sale
2,5 ml/½ cucchiaino di zucchero
2,5 cm/1 pezzo di radice di zenzero fresco, sbucciato e tritato finemente
45 ml/3 cucchiai di salsa di soia

Lavate il pesce dentro e fuori. Asciugare con carta da cucina. Fai tre tagli diagonali con un coltello affilato, distanti circa 2,5 cm, su entrambi i lati di ciascun pesce. Disporre dalla testa alla coda in una teglia da 30 3 20 cm/12 3 8 in. Mondate e pelate le cipolle, tagliatele a filetti per la lunghezza e cospargetele sul pesce. Mescolare bene gli altri ingredienti e utilizzare per ricoprire il pesce. Coprire la teglia con pellicola (involucro di plastica) e tagliarla due volte per far fuoriuscire il vapore. Cuocete a Pieno per 12 minuti, girando una volta il piatto. Trasferire il pesce su un piatto da portata e ricoprire con le cipolle e i succhi del piatto.

Pacchetti di trote

Serve 2

Gli chef professionisti lo chiamano truites en papillote. I fagottini di trota delicata preparata in modo semplice fanno un piatto di pesce intelligente.

2 grandi trote pulite, 450 g/1 libbra ciascuna, lavate ma lasciate le teste
1 cipolla, tagliata a fette spesse
1 limone o lime piccolo, tagliato a fette spesse
2 grandi foglie di alloro essiccate, sbriciolate grossolanamente
2,5 ml/½ cucchiaino di erbe di Provenza
5 ml/1 cucchiaino di sale

Preparare due rettangoli di carta da forno, 40 3 35 cm/16 3 14 ciascuno. Mettere le fette di cipolla e limone o lime nelle cavità del pesce con le foglie di alloro. Trasferire sui rettangoli di carta da forno e cospargere con le erbe aromatiche e il sale. Avvolgere ciascuna trota singolarmente, quindi mettere i due fagottini in un piatto fondo. Cuocete a Pieno per 14 minuti, girando una volta il piatto. Lasciar riposare per 2 minuti. Trasferite ciascuno su un piatto caldo e aprite i fagottini a tavola.

Rana pescatrice brillante con fagioli sottili

Serve 4

125 g/4 once di fagioli francesi (verdi) o del Kenya, con la cima e la coda
150 ml/¼ pt/2/3 tazze di acqua bollente
450 g/1 libbra di coda di rospo
15 ml/1 cucchiaio di farina di mais (amido di mais)
1,5–2,5 ml/¼–½ cucchiaino di polvere di cinque spezie cinesi
45 ml/3 cucchiai di vino di riso o sherry medio
5 ml/1 cucchiaino di salsa di ostriche in bottiglia
2,5 ml/½ cucchiaino di olio di sesamo
1 spicchio d'aglio, schiacciato
50 ml/2 fl oz/3½ cucchiai di acqua calda
15 ml/1 cucchiaio di salsa di soia
Tagliatelle all'uovo, per servire

Tagliate a metà i fagioli. Mettere in una teglia rotonda da 1,25 litri/2¼ pt/5½ tazze. Aggiungere l'acqua bollente. Coprire con pellicola (involucro di plastica) e tagliarlo due volte per permettere al vapore di fuoriuscire. Cuocere a Pieno per 4 minuti. Scolare e mettere da parte. Lavate la coda di rospo e tagliatela a listarelle sottili. Mescolare la farina di mais e le spezie in polvere con il vino di riso o lo sherry fino a ottenere un composto liscio. Unire gli altri ingredienti. Trasferire nel piatto in cui sono stati cotti i fagioli. Cuocete, senza coperchio, a fuoco Pieno per 1 minuto e mezzo. Mescolare fino ad ottenere un composto liscio, quindi unire i fagioli e la coda di rospo. Coprite come prima e cuocete a Pieno per 4 minuti. Lasciar riposare per 2 minuti, poi girare e servire.

Splendore di gamberi con Mangetout

Serve 4

Preparare come per la coda di rospo brillare con fagioli sottili, ma sostituire i fagioli con le taccole (piselli) e cuocerli solo per 2½-3 minuti perché dovrebbero rimanere croccanti. Sostituisci i gamberi sgusciati (gamberi) per la coda di rospo.

Merluzzo della Normandia con sidro e Calvados

Serve 4

50 g di burro o margarina
1 cipolla, affettata molto sottile
3 carote, affettate molto sottili
50 g di funghi, tagliati e affettati sottilmente
4 grandi bistecche di merluzzo, circa 225 g ciascuna
5 ml/1 cucchiaino di sale
150 ml/¼ pt/2/3 tazza di sidro
15 ml/1 cucchiaio di farina di mais (amido di mais)
25 ml/1½ cucchiaio di acqua fredda
15 ml/1 cucchiaio di calvados
Prezzemolo, per guarnire

Mettere metà del burro o della margarina in una teglia profonda 20 cm/8 di diametro. Sciogli, scoperto, su Pieno per 45–60 secondi. Unire la cipolla, le carote e i funghi. Disporre il pesce in un unico strato sopra. Spolverate con il sale. Versare il sidro nel piatto e cospargere le bistecche con il burro o la margarina rimanenti. Coprire con pellicola (involucro di plastica) e tagliarlo due volte per permettere al vapore di fuoriuscire. Cuocete a Pieno per 8 minuti, girando il piatto quattro volte. Scolare con cura il liquore di cottura e mettere da parte. Amalgamare bene la maizena con l'acqua e il calvados. Aggiungere i succhi di pesce. Cuocere, senza coperchio, a fuoco Pieno per 2–2½ minuti fino a quando la salsa non si addensa, sbattendo ogni 30 secondi. Disporre il pesce su un piatto da portata caldo e guarnire con le verdure. Ricoprire con la salsa e guarnire con prezzemolo.

Paella Di Pesce

Serve 6–8

Il primo piatto di riso spagnolo, conosciuto in tutto il mondo grazie ai viaggi internazionali.

900 g di filetto di salmone con la pelle, tagliato a cubetti

1 bustina di zafferano in polvere

60 ml/4 cucchiai di acqua calda

30 ml/2 cucchiai di olio d'oliva

2 cipolle, tritate

2 spicchi d'aglio, schiacciati

1 peperone verde (campana), privato dei semi e tritato grossolanamente

225 g/8 oz/1 tazza di riso per risotto italiano o spagnolo

175 g/6 oz/1½ tazze di piselli surgelati o freschi

600 ml/1 pt/2½ tazze di acqua bollente

7,5 ml/1½ cucchiaino di sale

3 pomodori, sbollentati, pelati e tagliati a quarti

75 g/3 oz/¾ tazza di prosciutto cotto, tagliato a dadini

125 g/4 oz/1 tazza di gamberi sgusciati (gamberi)
250 g/9 oz/1 lattina grande di cozze in salamoia
Spicchi o fette di limone, per guarnire

Disporre i cubetti di salmone attorno al bordo di una casseruola da 25 cm/10 di diametro (forno olandese), lasciando un piccolo incavo al centro. Coprire la teglia con pellicola (involucro di plastica) e tagliarla due volte per far fuoriuscire il vapore. Cuocere su Defrost per 10-11 minuti, girando il piatto due volte, fino a quando il pesce appare friabile e appena cotto. Scolare e conservare il liquido e mettere da parte il salmone. Lavate e asciugate il piatto. Svuotare lo zafferano in una ciotolina, aggiungere l'acqua calda e lasciare in ammollo per 10 minuti. Versare l'olio nel piatto pulito e aggiungere le cipolle, l'aglio e il peperone verde. Cuocere, senza coperchio, a fuoco pieno per 4 minuti. Aggiungere il riso, lo zafferano e l'acqua di ammollo, i piselli, i cubetti di salmone, il liquido di salmone messo da parte, l'acqua bollente e il sale. Mescolare accuratamente ma delicatamente. Coprite come prima e cuocete a Pieno per 10 minuti. Lasciar riposare nel microonde per 10 minuti. Cuocere a Pieno per altri 5 minuti. Scoprire e mescolare con cura i pomodori e il prosciutto. Guarnire con i gamberi, le cozze e il limone e servire.

Aringhe in carpione

Serve 4

4 aringhe, circa 450 g/1 libbra ciascuna, sfilettate
2 grandi foglie di alloro, sbriciolate grossolanamente
15 ml/1 cucchiaio di spezie marinate miste
2 cipolle, affettate e separate ad anelli
150 ml/¼ pt/2/3 tazze di acqua bollente
20 ml/4 cucchiaini di zucchero semolato
10 ml/2 cucchiaini di sale
90 ml/6 cucchiai di aceto di malto
Pane imburrato, per servire

Arrotolare ogni filetto di aringa dalla testa alla coda, con i lati della pelle all'interno. Disporre attorno al bordo di una teglia profonda 25 cm/10 di diametro. Cospargete con le foglie di alloro e le spezie. Disporre gli anelli di cipolla tra le aringhe. Amalgamare bene gli altri ingredienti e versarvi sopra il pesce. Coprire con pellicola (involucro di plastica) e tagliarlo due volte per permettere al vapore di fuoriuscire. Cuocere a Pieno per 18 minuti. Lasciar raffreddare, quindi raffreddare. Mangiare freddo con pane e burro.

Moules Marinières

Serve 4

Piatto nazionale belga, sempre servito con un contorno di patatine (patatine fritte).

900 ml/2 pts/5 tazze di cozze fresche
15 g/½ oz/l cucchiaio di burro o margarina
1 cipolla piccola, tritata
1 spicchio d'aglio, schiacciato
150 ml/¼ pt/2/3 tazza di vino bianco secco
1 bustina di mazzi di fiori
1 foglia di alloro essiccata, sbriciolata
7,5 ml/1½ cucchiaino di sale
20 ml/4 cucchiaini di pangrattato bianco fresco
20 ml/4 cucchiaini di prezzemolo tritato

Lavate le cozze sotto l'acqua fredda corrente. Raschia via tutti i cirripedi, quindi taglia le barbe. Scartare le cozze con il guscio screpolato o quelle aperte; possono causare intossicazione alimentare. Lavare di nuovo. Metti il burro o la margarina in una ciotola profonda. Sciogliere, scoperto, su Full per circa 30 secondi. Unire la cipolla e l'aglio. Coprire con un piatto e cuocere a fuoco pieno per 6 minuti, mescolando due volte. Aggiungere il vino, il bouquet guarnito, l'alloro, il sale e le cozze. Mescolare delicatamente per amalgamare. Coprite come prima e cuocete a Pieno per 5 minuti. Usando una schiumarola, trasferisci le cozze in quattro ciotole profonde o piatti fondi. Incorporate il pangrattato e metà del prezzemolo nel fondo di cottura, quindi versateci sopra le cozze. Spolverizzate con il prezzemolo rimasto e servite subito.

Sgombro con salsa di rabarbaro e uvetta

Serve 4

La salsa agrodolce graziosamente colorata bilancia magnificamente il ricco sgombro.

350 g di rabarbaro giovane, tritato grossolanamente
60 ml/4 cucchiai di acqua bollente
30 ml/2 cucchiai di uvetta
30 ml/2 cucchiai di zucchero semolato
2,5 ml/½ cucchiaino di essenza di vaniglia (estratto)
La scorza grattugiata finemente e il succo di ½ limone piccolo
4 sgombri, puliti, disossati e scartate le teste
50 g di burro o margarina
Sale e pepe nero appena macinato

Mettere il rabarbaro e l'acqua in una casseruola (forno olandese). Coprire con pellicola (involucro di plastica) e tagliarlo due volte per permettere al vapore di fuoriuscire. Cuocete a Pieno per 6 minuti, girando il piatto tre volte. Scoprire e ridurre in poltiglia il rabarbaro. Unire l'uvetta, lo zucchero, l'essenza di vaniglia e la scorza di limone, quindi mettere da parte. Con i lati della pelle rivolti verso di te, piega ogni sgombro a metà trasversalmente dalla testa alla coda. Mettere il burro o la margarina e il succo di limone in una teglia profonda 20 cm/8 di diametro. Sciogliere a fuoco pieno per 2 minuti. Aggiungere il pesce e ricoprire con gli ingredienti sciolti. Cospargere con sale e pepe. Coprire con pellicola (involucro di plastica) e tagliarlo due volte per permettere al vapore di fuoriuscire. Cuocere a fuoco medio per 14-16 minuti fino a quando il pesce non risulterà friabile. Lasciar riposare per 2 minuti. Scaldare con la salsa al rabarbaro su Full per 1 minuto e servire con lo sgombro.

Aringhe con salsa di mele

Serve 4

Preparare come per lo sgombro con salsa di rabarbaro e uvetta, ma sostituire l'acqua con le mele sbucciate e private del torsolo per la cottura (crostata) del rabarbaro e del sidro bollente. Omettete l'uvetta.

Carpa in salsa di gelatina

Serve 4

1 carpa molto fresca, pulita e tagliata in 8 fettine sottili
30 ml/2 cucchiai di aceto di malto
3 carote, affettate sottilmente
3 cipolle, affettate sottilmente
600 ml/1 pt/2½ tazze di acqua bollente
10–15 ml/2–3 cucchiaini di sale

Lavare la carpa, quindi immergerla per 3 ore in acqua fredda sufficiente con l'aceto aggiunto per coprire il pesce. (Questo rimuove il sapore fangoso.) Metti le carote e le cipolle in una teglia profonda 23 cm/9 di diametro con l'acqua bollente e il sale. Coprire con pellicola (involucro di plastica) e tagliarlo due volte per permettere al vapore di fuoriuscire. Cuocere a fuoco pieno per 20 minuti, girando il piatto quattro volte. Scolare, riservando il liquido. (Le verdure possono essere utilizzate altrove nella zuppa di pesce o nelle patatine fritte.)

Versare nuovamente il liquido nel piatto. Aggiungi la carpa in un unico strato. Coprite come prima e cuocete a Pieno per 8 minuti, rigirando due volte il piatto. Lasciar riposare per 3 minuti. Usando una fetta di pesce, trasferisci la carpa in un piatto fondo. Coprire e raffreddare. Trasferite il liquido in una brocca e fate raffreddare fino a quando non sarà leggermente in gelatina. Versate la gelatina sul pesce e servite.

Rollmops alle Albicocche

Serve 4

75 g di albicocche secche
150 ml/¼ pt/2/3 tazze di acqua fredda
3 comprati rollmop con cipolle affettate
150 g di crème fraîche
Foglie di insalata mista
Pane croccante

Lavate le albicocche e tagliatele a pezzetti. Mettere in una ciotola con l'acqua fredda. Coprire con una piastra capovolta e scaldare su Full per 5 minuti. Lasciar riposare per 5 minuti. Drenare. Tagliare i rollmops a listarelle. Aggiungere alle albicocche con le cipolle e la crème fraîche.

Mescolare bene. Coprite e lasciate marinare in frigorifero per 4-5 ore. Servire su foglie di insalata con pane croccante.

Aringa affumicata

Serve 1

Il microonde impedisce all'odore di permeare la casa e lascia l'aringa succosa e tenera.

1 aringa affumicata grande non colorata, circa 450 g/1 libbra
120 ml/4 fl oz/½ tazza di acqua fredda
Burro o margarina

Mondate l'aringa, scartando la coda. Immergere per 3-4 ore in diversi cambi di acqua fredda per ridurre la salsedine, se lo si desidera, quindi scolare. Mettere in un piatto grande e poco profondo con l'acqua. Coprire con pellicola (involucro di plastica) e tagliarlo due volte per permettere al vapore di fuoriuscire. Cuocere a Pieno per 4 minuti. Servire su un piatto caldo con una noce di burro o margarina.

Madras di gamberi

Serve 4

25 g/1 oz/2 cucchiai di burro chiarificato o 15 ml/1 cucchiaio di olio di arachidi (arachidi)

2 cipolle, tritate

2 spicchi d'aglio, schiacciati

15 ml/1 cucchiaio di curry caldo

5 ml/1 cucchiaino di cumino macinato

5 ml/1 cucchiaino di garam masala

Succo di 1 lime piccolo

150 ml/¼ pt/2/3 tazza di brodo di pesce o vegetale

30 ml/2 cucchiai di passata di pomodoro (pasta)

60 ml/4 cucchiai di uva sultanina (uvetta dorata)
450 g di gamberi sgusciati (gamberi), scongelati se congelati
175 g/6 oz/¾ tazza di riso a grani lunghi, bollito
Popadom

Metti il burro chiarificato o l'olio in una teglia profonda 20 cm/8 di diametro. Scaldare, scoperto, su Pieno per 1 minuto. Unire accuratamente le cipolle e l'aglio. Cuocere, senza coperchio, a fuoco pieno per 3 minuti. Aggiungere il curry in polvere, il cumino, il garam masala e il succo di lime. Cuocete, senza coperchio, a fuoco Pieno per 3 minuti, mescolando due volte. Aggiungere il brodo, la passata di pomodoro e l'uvetta. Coprite con una piastra capovolta e cuocete a Pieno per 5 minuti. Scolare i gamberi, se necessario, quindi aggiungerli al piatto e mescolare per unire. Cuocete, senza coperchio, a fuoco Pieno per 1 minuto e mezzo. Servire con riso e popadom.

Involtini di platessa al Martini con salsa

Serve 4

8 filetti di platessa, 175 g ciascuno, lavati e asciugati
Sale e pepe nero appena macinato
Succo di 1 limone
2,5 ml/½ cucchiaino di salsa Worcestershire
25 g/1 oz/2 cucchiai di burro o margarina
4 scalogni, pelati e tritati
100 g/3½ oz/1 tazza di prosciutto cotto, tagliato a listarelle

400 g di funghi, affettati sottilmente
20 ml/4 cucchiaini di farina di mais (amido di mais)
20 ml/4 cucchiaini di latte freddo
250 ml/8 fl oz/1 tazza di brodo di pollo
150 g/¼ pt/2/3 tazza di panna (leggera).
2,5 ml/½ cucchiaino di zucchero semolato (superfino).
1,5 ml/¼ cucchiaino di curcuma
10 ml/2 cucchiaini di martini bianco

Condite il pesce con sale e pepe. Marinare nel succo di limone e nella salsa Worcestershire per 15-20 minuti. Sciogliere il burro o la margarina in una casseruola (padella). Aggiungere lo scalogno e soffriggere (rosolare) dolcemente fino a renderlo morbido e semitrasparente. Aggiungere il prosciutto e i funghi e saltare in padella per 7 minuti. Frullare la maizena con il latte freddo fino ad ottenere un composto omogeneo e aggiungere gli altri ingredienti. Arrotolare i filetti di platessa e infilzarli con degli stuzzicadenti. Disporre in una teglia profonda 20 cm/8 di diametro. Ricoprire con il composto di funghi. Coprire con pellicola (involucro di plastica) e tagliarlo due volte per permettere al vapore di fuoriuscire. Cuocere a Pieno per 10 minuti.

Ragù Di Crostacei Con Noci

Serve 4

30 ml/2 cucchiai di olio d'oliva
1 cipolla, sbucciata e tritata
2 carote, sbucciate e tagliate a dadini
3 gambi di sedano, tagliati a striscioline
1 peperone rosso (campana), privato dei semi e tagliato a listarelle

1 peperone verde (campana), privato dei semi e tagliato a listarelle

1 zucchina piccola (zucchina), mondata e affettata sottilmente

250 ml/8 fl oz/1 tazza di vino rosato

1 bustina di mazzi di fiori

325 ml/11 fl oz/1 1/3 tazze di brodo vegetale o di pesce

400 g/14 oz/1 barattolo grande di pomodori tagliati a pezzetti

125 g di anelli di calamari

125 g di cozze sgusciate cotte

200 g di sogliola al limone o filetto di passera, tagliato a pezzi

4 gamberi giganti (gamberi giganti), cotti

50 g di noci tritate grossolanamente

30 ml/2 cucchiai di olive nere denocciolate (snocciolate).

10 ml/2 cucchiaini di gin

Succo di ½ limone piccolo

2,5 ml/½ cucchiaino di zucchero semolato

1 baguette

30 ml/2 cucchiai di foglie di basilico tritate grossolanamente

Versare l'olio in un piatto da 2,5 litri/4½ pt/11 tazze. Scaldare, scoperto, su Full per 2 minuti. Aggiungere le verdure preparate e saltare nell'olio per ricoprire. Coprire con pellicola (involucro di plastica) e tagliarlo due volte per permettere al vapore di fuoriuscire. Cuocere a Pieno per 5 minuti. Aggiungere il vino e il bouquet guarnito. Coprite come prima e cuocete a Pieno per 5 minuti. Aggiungere il brodo, i pomodori e il pesce. Ricoprite e cuocete a Pieno per 10 minuti. Unire tutti gli altri ingredienti tranne il basilico.

Ricoprite e cuocete a pieno per 4 minuti. Spolverizzate con il basilico e servite ben caldo.

Salsa di merluzzo

Serve 4

25 g/1 oz/2 cucchiai di burro o margarina
1 cipolla, sbucciata e tritata
2 carote, sbucciate e tagliate a dadini
2 gambi di sedano, affettati sottilmente

150 ml/¼ pt/2/3 tazza di vino bianco medio secco
400 g di filetto di merluzzo senza pelle, tagliato a cubetti grandi
15 ml/1 cucchiaio di farina di mais (amido di mais)
75 ml/5 cucchiai di latte freddo
350 ml/12 fl oz/1½ tazze di brodo di pesce o vegetale
Sale e pepe nero appena macinato
75 ml/5 cucchiai di aneto tritato (erba di aneto)
300 ml/½ pt/1¼ tazze di panna doppia (pesante), leggermente montata
2 tuorli d'uovo

Mettere il burro o la margarina in una casseruola da 20 cm/8 di diametro (forno olandese). Scaldare, scoperto, su Full per 2 minuti. Unire le verdure e il vino. Coprire con pellicola (involucro di plastica) e tagliarlo due volte per permettere al vapore di fuoriuscire. Cuocere a Pieno per 5 minuti. Lasciar riposare per 3 minuti. Scoprire. Unite il pesce alle verdure. Mescolare la maizena con il latte freddo fino ad ottenere un composto omogeneo, quindi aggiungerlo alla casseruola con il brodo. Stagione. Coprite come prima e cuocete a Pieno per 8 minuti. Aggiungi l'aneto. Amalgamare bene la panna con i tuorli d'uovo e incorporare nella casseruola. Coprite e cuocete a Pieno per 1 minuto e mezzo.

Stufato Di Merluzzo Affumicato

Serve 4

Preparare come per il baccalà ma sostituire il filetto di merluzzo affumicato con quello fresco.

Rana pescatrice in salsa di crema al limone dorato

Serve 6

300 ml/½ pt/1¼ tazze di latte intero
25 g/1 oz/2 cucchiai di burro o margarina, a temperatura di cucina
675 g di filetti di rana pescatrice, tagliati a bocconcini
45 ml/3 cucchiai di farina (per tutti gli usi).
2 tuorli d'uovo grandi
Succo di 1 limone grande
2,5–5 ml/½ –1 cucchiaino di sale
2,5 ml/½ cucchiaino di dragoncello tritato finemente
Custodie vol-au-vent (conchiglie) o fette di ciabatta abbrustolite cotte

Versare il latte in una brocca e scaldare, senza coperchio, su Full per 2 minuti. Mettere il burro o la margarina in una teglia profonda 20 cm/8 di diametro. Sciogliere, senza coperchio, su Scongelare per 1½ minuti. Infarinare i pezzi di pesce e aggiungerli al burro o alla margarina nella teglia. Versare delicatamente il latte. Coprire con pellicola (involucro di plastica) e tagliarlo due volte per permettere al vapore di fuoriuscire. Cuocere a Pieno per 7 minuti. Sbattere insieme i tuorli, il succo di limone e il sale e unirli al pesce. Cuocere, senza coperchio, a fuoco pieno per 2 minuti. Lasciar riposare per 5 minuti. Agitare, spolverizzare con il dragoncello e servire in pirottini vol-au-vent o con fettine di ciabatta abbrustolita.

Sogliola in salsa di crema di limone dorato

Serve 6

Preparare come per la coda di rospo in salsa di crema al limone dorato, ma sostituire la sogliola, tagliata a listarelle, ai tocchetti di coda di rospo.

Olandese al salmone

Serve 4

4 tranci di salmone, 175–200 g ciascuno
150 ml/¼ pt di acqua/2/3 di tazza di acqua o vino bianco secco
2,5 ml/½ cucchiaino di sale
salsa olandese

Disporre le bistecche ai lati di una teglia profonda 20 cm/8 di diametro. Aggiungere l'acqua o il vino. Cospargete il pesce con il sale. Coprire con pellicola (involucro di plastica) e tagliarlo due volte per permettere al vapore di fuoriuscire. Cuocere su Defrost (per evitare che il salmone sputi) per 16-18 minuti. Lasciar riposare per 4 minuti. Adagiare su quattro piatti riscaldati con una fetta di pesce, facendo scolare il liquido. Ricoprire ciascuno con la salsa olandese.

Olandese al salmone con coriandolo

Serve 4

Preparare come per l'olandese al salmone, ma aggiungere 30 ml/2 cucchiai di coriandolo (coriandolo) tritato alla salsa non appena ha terminato la cottura. Per un sapore aggiuntivo, aggiungere 10 ml/2 cucchiaini di melissa tritata.

Fiocco Di Maionese Di Salmone

Serve 6

900 g di filetto di salmone fresco, senza pelle
Sale e pepe nero appena macinato
burro fuso o margarina (facoltativo)
50 g/2 oz/½ tazza di mandorle a scaglie (a scaglie), tostate
1 cipolla piccola, tritata finemente
30 ml/2 cucchiai di prezzemolo tritato finemente
5 ml/1 cucchiaino di dragoncello tritato
200 ml/7 fl oz/scarsa 1 tazza di maionese alla francese
Foglie di lattuga
Spray al finocchio, per guarnire

Dividere il salmone in quattro porzioni. Disporre attorno al bordo di una teglia profonda 25 cm/10 di diametro. Cospargere di sale e pepe e, se lo si desidera, versare sopra un po' di burro fuso o margarina. Coprire con pellicola (involucro di plastica) e tagliarlo due volte per permettere al vapore di fuoriuscire. Cuocere su Defrost per 20 minuti. Lasciar raffreddare fino a quando non sarà tiepido, quindi sfaldare il pesce con due forchette. Trasferire in una ciotola, aggiungere metà delle mandorle e la cipolla, il prezzemolo e il dragoncello. Incorporate delicatamente la maionese fino a quando non sarà ben amalgamata e bagnata. Foderate un lungo piatto da portata con le foglie di lattuga. Disporre sopra una linea di maionese al salmone. Cospargete con le restanti mandorle e guarnite con finocchi.

Salmone arrosto alla mediterranea

Serve 6–8

Salmone tagliato a metà porzione da 1,5 kg
60 ml/4 cucchiai di olio d'oliva
60 ml/4 cucchiai di succo di limone
60 ml/4 cucchiai di passata di pomodoro (pasta)
15 ml/1 cucchiaio di foglie di basilico tritate
7,5 ml/1½ cucchiaino di sale
45 ml/3 cucchiai di capperi piccoli, scolati
45 ml/3 cucchiai di prezzemolo tritato

Lavate il salmone, assicurandovi di aver raschiato tutte le squame. Mettere in una teglia profonda 20 cm/8 di diametro. Amalgamate gli altri ingredienti e versateci sopra il pesce. Coprite con un piatto e lasciate marinare in frigorifero per 3 ore. Coprire con pellicola (involucro di plastica) e tagliarlo due volte per permettere al vapore di fuoriuscire. Cuocete a Pieno per 20 minuti, girando il piatto due volte. Dividere in porzioni per servire.

Kedgeree con curry

Serve 4

Un tempo piatto per la colazione, particolarmente associato ai giorni coloniali in India intorno alla fine del secolo, il kedgeree è ora servito più spesso a pranzo.

350 g di eglefino affumicato o filetto di merluzzo
60 ml/4 cucchiai di acqua fredda
50 g di burro o margarina
225 g/8 oz/1 tazza di riso basmati
15 ml/1 cucchiaio di curry in polvere delicato
600 ml/1 pt/2½ tazze di acqua bollente
3 uova sode (cotte).
150 ml/¼ pt/2/3 tazza di crema singola (leggera).
15 ml/1 cucchiaio di prezzemolo tritato
Sale e pepe nero appena macinato
Rametti di prezzemolo, per guarnire

Mettere il pesce in un piatto fondo con l'acqua fredda. Coprire con pellicola (involucro di plastica) e tagliarlo due volte per permettere al vapore di fuoriuscire. Cuocere a Pieno per 5 minuti. Drenare. Sgusciate la polpa con due forchette, eliminando la pelle e le lische. Mettere il burro o la margarina in un piatto da portata rotondo resistente al calore da 1,75 litri/3 pt/7½ tazze e sciogliere su Scongelare per 1½–2 minuti. Unire il riso, il curry in polvere e l'acqua bollente. Coprite come prima e cuocete a Pieno per 15 minuti. Tritare due delle uova e unirle nel piatto con il pesce, la panna e il prezzemolo, condite a piacere. Sfornare, coprire con un piatto capovolto e riscaldare su Full per 5 minuti. Tagliate a fettine l'uovo rimasto. Togliere la pirofila dal microonde e guarnire con l'uovo affettato e i rametti di prezzemolo.

Kedgeree con salmone affumicato

Serve 4

Preparare come per il Kedgeree con Curry, ma sostituire l'eglefino o il merluzzo affumicato con 225 g di salmone affumicato (lox), tagliato a strisce. Il salmone affumicato non necessita di precottura.

Quiche Di Pesce Affumicato

Serve 6

175 g di pasta frolla (crosta base per torta)
1 tuorlo d'uovo, sbattuto
125 g di pesce affumicato come sgombro, eglefino, merluzzo o trota, cotto e in fiocchi
3 uova
150 ml/¼ pt/2/3 tazza di panna acida (agrodolce).
30 ml/2 cucchiai di maionese
Sale e pepe nero appena macinato
75 g/3 oz/¾ tazza di formaggio Cheddar, grattugiato
Paprica
Insalata mista

Imburrare leggermente una teglia scanalata di vetro o di porcellana da 20 cm di diametro. Stendete la pasta frolla e usatela per foderare la teglia imburrata. Bucherellate bene dappertutto, soprattutto dove il lato incontra la base. Cuocete, senza coperchio, a fuoco Pieno per 6 minuti, rigirando due volte il piatto. Se compaiono rigonfiamenti, premere con le dita protette da guanti da forno. Spennellare l'interno della teglia (conchiglia) con il tuorlo d'uovo. Cuocere a fuoco pieno per 1 minuto per sigillare eventuali buchi. Togliere dal forno. Coprite la base con il pesce. Sbattere le uova con la panna e la maionese, condite a piacere. Versare nella quiche e cospargere con il formaggio e la paprika.

Cuocere, senza coperchio, a fuoco pieno per 8 minuti. Servire caldo con insalata.

Gumbo di gamberi della Louisiana

Serve 8

3 cipolle, tritate
2 spicchi d'aglio
3 gambi di sedano, tritati finemente
1 peperone verde (campana), privato dei semi e tritato finemente
50 g/2 once/¼ di tazza di burro
60 ml/4 cucchiai di farina (per tutti gli usi).
900 ml/1½ pt/3¾ tazze di brodo vegetale o di pollo caldo
350 g/12 oz di gombo (dita da donna), con la punta e la coda
15 ml/1 cucchiaio di sale
10 ml/2 cucchiaini di coriandolo macinato (coriandolo)
5 ml/1 cucchiaino di curcuma
2,5 ml/½ cucchiaino di pimento macinato
30 ml/2 cucchiai di succo di limone
2 foglie di alloro
5–10 ml/1–2 cucchiaini di salsa Tabasco
450 g di gamberi sgusciati cotti (gamberi), scongelati se congelati
350 g/12 oz/1½ tazze di riso a grani lunghi, bollito

Mettere le cipolle in una ciotola da 2,5 litri/4½ pt/11 tazze. Schiacciare l'aglio sopra. Aggiungere il sedano e il peperone verde. Sciogliere il burro su Full per 2 minuti. Unire la farina. Cuocere, senza coperchio, a fuoco Pieno per 5-7 minuti, mescolando quattro volte e facendo attenzione a non bruciare, fino a quando il composto non sarà un roux chiaro color biscotto. Amalgamare gradualmente il brodo. Mettere da parte. Tagliare l'okra a tocchetti e unirlo alle verdure con tutti gli altri ingredienti tranne Tabasco e gamberi ma compreso il roux. Coprire con pellicola (involucro di plastica) e tagliarlo due volte per permettere al vapore di fuoriuscire. Cuocere a Pieno per 25 minuti. Lasciar riposare per 5 minuti. Unire il tabasco e i gamberi. Versare in ciotole calde e profonde e aggiungere un mucchio di riso appena cotto a ciascuna. Mangia subito.

Gumbo di rana pescatrice

Serve 8

Preparare come per il Louisiana Prawn Gumbo, ma sostituire con i gamberi (gamberi) lo stesso peso di coda di rospo disossata, tagliata a listarelle. Coprire con pellicola (involucro di plastica) e cuocere a fuoco pieno per 4 minuti prima di trasferire nelle ciotole da portata.

Gumbo misto di pesce

Serve 8

Preparare come per il Louisiana Prawn Gumbo, ma sostituire i filetti di pesce a cubetti assortiti con i gamberi (gamberi).

Trota Con Mandorle

Serve 4

50 g/2 once/¼ di tazza di burro
15 ml/1 cucchiaio di succo di limone
4 trote medie
50 g/2 oz/½ tazza di mandorle a scaglie (a scaglie), tostate
Sale e pepe nero appena macinato
4 spicchi di limone
Rametti di prezzemolo

Sciogliere il burro su Defrost per 1 minuto e mezzo. Unire il succo di limone. Disporre la trota, dalla testa alla coda, in una teglia imburrata. Ricoprire il pesce con il composto di burro e cospargere con le mandorle e il condimento. Coprire con pellicola (involucro di plastica) e tagliarlo due volte per permettere al vapore di fuoriuscire. Cuocete a Pieno per 9-12 minuti, girando due volte il piatto. Lasciar riposare per 5 minuti. Trasferire in quattro piatti riscaldati. Versare sul fondo di cottura e guarnire con gli spicchi di limone e i rametti di prezzemolo.

Gamberoni alla provenzale

Serve 4

225 g/8 oz/1 tazza di riso a grana lunga facile da cuocere
600 ml/1 pt/2½ tazze di pesce caldo o brodo di pollo
5 ml/1 cucchiaino di sale
15 ml/1 cucchiaio di olio d'oliva
1 cipolla, grattugiata
1–2 spicchi d'aglio, schiacciati
6 pomodori grandi molto maturi, sbollentati, spellati e tagliati a pezzetti
15 ml/1 cucchiaio di foglie di basilico tritate
5 ml/1 cucchiaino di zucchero di canna morbido scuro
450 g di gamberi sgusciati congelati (gamberi), non scongelati
Sale e pepe nero appena macinato
Prezzemolo tritato

Mettere il riso in un piatto da 2 litri/3½ pt/8½ tazze. Unire il brodo caldo e il sale. Coprire con pellicola (involucro di plastica) e tagliarlo due volte per permettere al vapore di fuoriuscire. Cuocere a Pieno per 16 minuti. Lasciare riposare per 8 minuti affinché il riso assorba tutta l'umidità. Versare l'olio in un piatto da portata da 1,75 litri/3 pt/7½ tazze. Scaldare, senza coperchio, a fuoco Pieno per 1 minuto e mezzo. Unire la cipolla e l'aglio. Cuocete, senza coperchio, a fuoco Pieno per 3 minuti, mescolando due volte. Unite i pomodorini con il basilico e lo zucchero. Coprire con un piatto e cuocere a fuoco pieno per 5 minuti, mescolando due volte. Unire i gamberi surgelati e il condimento a piacere. Coprire come prima e cuocere a fuoco pieno per 4 minuti, quindi separare delicatamente i gamberi. Ricoprite e cuocete a Pieno per altri 3 minuti. Lasciar riposare. Coprire il riso con un piatto e riscaldare su Defrost per 5-6 minuti. Versare in quattro piatti riscaldati e guarnire con il composto di pesce e pomodoro. Cospargete di prezzemolo e servite ben caldo.

Platessa al Sedano con Mandorle Tostate

Serve 4

8 filetti di platessa, peso totale circa 1 kg/2¼ lb
300 ml/10 fl oz/1 lattina di crema di sedano condensata
150 m/¼ pt/2/3 tazze di acqua bollente
15 ml/1 cucchiaio di prezzemolo tritato finemente
30 ml/2 cucchiai di mandorle a scaglie (a scaglie), tostate

Arrotolare i filetti di pesce dalla testa alla coda, con la pelle all'interno. Disporre attorno al bordo di una pirofila imburrata profonda 25 cm/10 di diametro. Mescolare delicatamente la zuppa e l'acqua e unire il prezzemolo. Cucchiaio sopra il pesce. Coprire la teglia con pellicola (involucro di plastica) e tagliarla due volte per far fuoriuscire il vapore. Cuocete a Pieno per 12 minuti, girando il piatto due volte. Lasciar riposare per 5 minuti. Cuocere a Pieno per altri 6 minuti. Versare nei piatti caldi e servire, spolverizzando con le mandorle.

Filetti al Sugo di Pomodoro con Maggiorana

Serve 4

Preparare come per la Platessa in salsa di sedano con mandorle tostate, ma sostituire la zuppa di pomodoro condensata con il sedano e 2,5 ml/½ cucchiaino di maggiorana secca per il prezzemolo.

Filetti in Salsa Di Funghi Con Crescione

Serve 4

Preparare come per la Platessa in Salsa di Sedano con Mandorle Tostate, ma sostituire la zuppa di funghi condensata con il sedano e 30 ml/2 cucchiai di crescione tritato per il prezzemolo.

Baccalà schiacciato con uova in camicia

Serve 4

Questo è stato trovato in un taccuino manoscritto ottocentesco, appartenente alla nonna di un vecchio amico.

Filetto di merluzzo senza pelle da 675 g
10 ml/2 cucchiaini di burro fuso o margarina o olio di semi di girasole
Paprica
Sale e pepe nero appena macinato
50 g di burro o margarina
8 cipollotti grandi (scalogno), mondati e tritati
350 g di patate cotte fredde, tagliate a dadini
150 ml/¼ pt/2/3 tazza di crema singola (leggera).
5 ml/1 cucchiaino di sale
4 uova
175 ml/6 fl oz/¾ tazza di acqua calda
5 ml/1 cucchiaino di aceto

Disporre il pesce in un piatto fondo. Spennellare con un po' di burro fuso o margarina o olio. Condire con paprika, sale e pepe. Coprire con pellicola (involucro di plastica) e tagliarlo due volte per permettere al vapore di fuoriuscire. Cuocere su Defrost per 14-16 minuti. Sgusciate il pesce con due forchette, eliminando le lische. Mettere il burro, la margarina o l'olio rimanenti in una casseruola da 20 cm/8 di diametro (forno olandese). Scaldare, senza coperchio, su Defrost per 1½ –2 minuti. Unire le cipolle. Coprite con un piatto e cuocete a Pieno per 5 minuti. Incorporate il pesce con le patate, la panna e il sale. Coprire come prima e riscaldare su Full per 5–7 minuti fino a quando non sarà molto caldo, mescolando una o due volte. Tieni caldo. Per cuocere le uova in camicia, rompetene delicatamente due in un piattino e aggiungete metà dell'acqua e metà dell'aceto. Bucherellare i tuorli con la punta di un coltello. Coprite con un piatto e cuocete a Pieno per 2 minuti. Lasciar riposare per 1 minuto. Ripetere con le restanti uova, acqua calda e aceto. Versare le porzioni di hashish su quattro piatti riscaldati e guarnire ciascuno con un uovo.

Eglefino e verdure in salsa di sidro

Serve 4

50 g di burro o margarina
1 cipolla, affettata sottilmente e separata ad anelli
3 carote, affettate sottilmente
50 g di funghi champignon, affettati
4 pezzi di eglefino sfilettato e spellato o altro pesce bianco
5 ml/1 cucchiaino di sale
150 ml/¼ pt/2/3 tazze di sidro medio-dolce
10 ml/2 cucchiaini di farina di mais (amido di mais)
15 ml/1 cucchiaio di acqua fredda

Mettere metà del burro o della margarina in una teglia profonda 20 cm/8 di diametro. Sciogliere, senza coperchio, su Defrost per circa 1 minuto e mezzo. Aggiungere la cipolla, le carote e i funghi. Disporre il pesce sopra. Cospargere di sale. Versare il sidro delicatamente sul pesce. Cospargere con il burro o la margarina rimanenti. Coprire con pellicola (involucro di plastica) e tagliarlo due volte per permettere al vapore di fuoriuscire. Cuocere a Pieno per 8 minuti. In una caraffa di vetro, frullate l'amido di mais con l'acqua fredda e versate delicatamente il liquore di pesce. Cuocere, senza coperchio, a fuoco Pieno per 2½ minuti fino a quando non si addensa, sbattendo ogni minuto. Versare sopra il pesce e le verdure. Versare su piatti caldi e mangiare subito.

Torta di mare

Serve 4

Per la farcitura:
700 g di patate farinose, non sbucciate
75 ml/5 cucchiai di acqua bollente
15 ml/1 cucchiaio di burro o margarina
75 ml/5 cucchiai di latte o panna (leggera).
Sale e pepe macinato fresco
Noce moscata grattugiata

Per la salsa:
300 ml/½ pt/1¼ tazze di latte freddo
30 ml/2 cucchiai di burro o margarina
20 ml/4 cucchiaini di farina (per tutti gli usi).
75 ml/5 cucchiai Red Leicester o formaggio Cheddar colorato, grattugiato
5 ml/1 cucchiaino di senape integrale
5 ml/1 cucchiaino di salsa Worcestershire

Per il composto di pesce:

450 g di filetto di pesce bianco con la pelle, a temperatura di cucina
Burro fuso o margarina
Paprica
60 ml/4 cucchiai Red Leicester o formaggio Cheddar colorato, grattugiato

Per la farcitura, lavate e pelate le patate e tagliatele a cubetti grandi. Mettere in un piatto da 1,5 litri/2½ pt/6 tazze con l'acqua bollente. Coprire con pellicola (involucro di plastica) e tagliarlo due volte per permettere al vapore di fuoriuscire. Cuocete a Pieno per 15 minuti, girando il piatto due volte. Lasciar riposare per 5 minuti. Scolare e schiacciare bene con il burro o la margarina e il latte o la panna, sbattendo fino a ottenere un composto spumoso. Condire a piacere con sale, pepe e noce moscata.

Per fare la salsa, scaldate il latte, scoperto, a fuoco Pieno per 1 minuto e mezzo. Mettere da parte. Sciogliere il burro o la margarina, senza coperchio, su Defrost per 1–1½ minuti. Unire la farina. Cuocere, senza coperchio, a fuoco Pieno per 30 secondi. Amalgamare gradualmente il latte. Cuocete a fuoco pieno per circa 4 minuti, sbattendo ogni minuto per garantire una scorrevolezza, fino a quando la salsa non si sarà addensata. Unire il formaggio con gli altri ingredienti della salsa.

Per preparare il composto di pesce, disporre i filetti in un piatto fondo e spennellare con burro fuso o margarina. Condire con paprika, sale e pepe. Coprire con pellicola (involucro di plastica) e tagliarlo due volte per permettere al vapore di fuoriuscire. Cuocere a fuoco pieno per 5-6 minuti. Sgusciate il pesce con due forchette, eliminando le lische. Trasferire in una teglia imburrata da 1,75 litri/3 pt/7½ tazze. Unire la salsa. Coprite con le patate e spolverizzate con il formaggio e la paprika extra. Riscalda, senza coperchio, su Full per 6–7 minuti.

Toppers di pesce fumoso

Serve 2

2 porzioni di eglefino affumicato congelato, 175 g/6 once ciascuna
Pepe nero appena macinato
1 zucchina piccola (zucchina), affettata
1 cipolla piccola, affettata sottilmente
2 pomodori, sbollentati, spellati e tritati
½ peperone rosso (campana), privato dei semi e tagliato a listarelle
15 ml/1 cucchiaio di erba cipollina tagliata

Disporre il pesce in una teglia profonda 18 cm/7 di diametro. Condire con pepe. Coprire con pellicola (involucro di plastica) e tagliarlo due volte per permettere al vapore di fuoriuscire. Cuocere a Pieno per 8 minuti. Versare i succhi sul pesce, quindi lasciare riposare per 1 minuto. Mettere le verdure in un'altra casseruola di medie dimensioni (forno olandese). Coprire con un piatto e cuocere a fuoco pieno per 5 minuti, mescolando una volta. Adagiare le verdure sul pesce. Coprite come prima e cuocete a Pieno per 2 minuti. Spolverizzate con l'erba cipollina e servite.

Filetti di Coley con porri e marmellata di limoni

Serve 2

Un accordo insolito della Sea Fish Authority di Edimburgo, che ha anche donato le tre ricette successive.

15 ml/1 cucchiaio di burro
1 spicchio d'aglio, sbucciato e schiacciato
1 porro, tagliato a fette e affettato sottilmente
2 filetti di coley, 175 g/6 oz ciascuno, spellati
Succo di ½ limone
10 ml/2 cucchiaini di marmellata di limoni
Sale e pepe nero appena macinato

Mettere il burro, l'aglio e il porro in una teglia profonda 18 cm/7 di diametro. Coprire con pellicola (involucro di plastica) e tagliarlo due volte per permettere al vapore di fuoriuscire. Cuocere a Pieno per 2½ minuti. Scoprire. Adagiate sopra i filetti e irrorate con metà del succo di limone. Coprite come prima e cuocete a Pieno per 7 minuti. Trasferite il pesce in due piatti riscaldati e tenete in caldo. Mescolare il restante succo di limone, la marmellata e il condimento ai succhi di pesce e al porro. Coprite con un piatto e cuocete a Pieno per 1 minuto e mezzo. Adagiatevi sopra il pesce e servite.

Pesce di mare in una giacca

Serve 4

4 patate al forno, non sbucciate ma ben strofinate
450 g di filetto di pesce bianco, spellato e tagliato a cubetti
45 ml/3 cucchiai di burro o margarina
3 cipollotti (scalogno), mondati e tritati
30 ml/2 cucchiai di senape integrale
1,5 ml/¼ cucchiaino di paprika, più un extra per spolverare
30–45 ml/2–3 cucchiai di yogurt bianco
Sale

Adagiate le patate direttamente sul piatto rotante, coprite con carta da cucina e cuocete a Pieno per 16 minuti. Avvolgere in un canovaccio pulito (straccio da cucina) e mettere da parte. Mettere il pesce in una casseruola di 18 cm di diametro (forno olandese) con il burro o la margarina, i cipollotti, la senape e la paprika. Coprire con un piatto e cuocere a fuoco pieno per 7 minuti, mescolando due volte. Lasciar riposare per 2 minuti. Unire lo yogurt e il sale a piacere. Tagliate una croce sopra ogni patata e strizzatela delicatamente per aprirla. Farcire con il composto di pesce, spolverare di paprika e mangiare caldo.

Merluzzo svedese con burro fuso e uova

Serve 4

300 ml/½ pt/1¼ tazze di acqua fredda

3 chiodi di garofano interi

5 bacche di ginepro

1 foglia di alloro, sbriciolata

2,5 ml/½ cucchiaino di spezie marinate miste

1 cipolla, tagliata in quattro

10 ml/2 cucchiaini di sale

4 bistecche di merluzzo fresco di taglio medio, 225 g/8 oz ciascuna

75 g/3 oz/2/3 tazza di burro

2 uova sode (cotte) (pagine 98–9), sgusciate e tritate

Mettere l'acqua, i chiodi di garofano, le bacche di ginepro, l'alloro, le spezie per il decapaggio, i quarti di cipolla e il sale in una caraffa di vetro. Coprire con pellicola (involucro di plastica) e tagliarlo due volte per permettere al vapore di fuoriuscire. Cuocere a Pieno per 15 minuti. Sforzo. Mettere il pesce in una teglia profonda 25 cm/10 di diametro e versarvi il liquido filtrato. Coprite con pellicola e tagliatela due volte per far fuoriuscire il vapore. Cuocete a Pieno per 10 minuti, girando il piatto due volte. Trasferite il pesce in un piatto caldo, aiutandovi con una fetta di pesce, e tenetelo in caldo. Sciogliere il burro, scoperto, su Defrost per 2 minuti. Versare sopra il pesce. Spolverizzate con le uova tritate e servite.

Frutti di mare alla Stroganoff

Serve 4

30 ml/2 cucchiai di burro o margarina
1 spicchio d'aglio, schiacciato
1 cipolla, affettata
125 g di funghi champignon
700 g di filetto di pesce bianco, spellato e tagliato a cubetti
150 ml/¼ pt/2/3 tazza di panna acida (agrodolce) o crème fraîche
Sale e pepe nero appena macinato
30 ml/2 cucchiai di prezzemolo tritato

Mettere il burro o la margarina in una casseruola da 20 cm/8 di diametro (forno olandese). Sciogliere, scoperto, su Defrost per 2 minuti. Aggiungere l'aglio, la cipolla e i funghi. Coprire con pellicola (involucro di plastica) e tagliarlo due volte per permettere al vapore di fuoriuscire. Cuocere a Pieno per 3 minuti. Aggiungere i cubetti di pesce. Coprite come prima e cuocete a Pieno per 8 minuti. Unire la panna e condire con sale e pepe. Coprite di nuovo e cuocete a Pieno per 1 minuto e mezzo. Servite cospargendo di prezzemolo.

Tonno Fresco Stroganoff

Serve 4

Preparare come per i frutti di mare alla Stroganoff, ma sostituire il pesce bianco con il tonno freschissimo.

Supremo Ragù Di Pesce Bianco

Serve 4

30 ml/2 cucchiai di burro o margarina
1 cipolla, tritata
2 carote, tagliate a dadini

6 gambi di sedano, affettati sottilmente

150 ml/¼ pt/2/3 tazza di vino bianco

400 g di filetto di merluzzo o eglefino con la pelle, tagliato a cubetti

10 ml/2 cucchiaini di farina di mais (amido di mais)

90 ml/6 cucchiai di crema singola (leggera).

150 ml/¼ pt/2/3 tazza di brodo vegetale

Sale e pepe nero appena macinato

2,5 ml/½ cucchiaino di essenza di acciuga (estratto) o salsa Worcestershire

30 ml/2 cucchiai di aneto tritato (erba di aneto)

300 ml/½ pt/1¼ tazze di panna da montare

2 tuorli d'uovo

Mettere il burro o la margarina in una casseruola da 20 cm/8 di diametro (forno olandese). Scaldare, scoperto, su Full per 2 minuti. Aggiungere le verdure e il vino. Coprire con pellicola (involucro di plastica) e tagliarlo due volte per permettere al vapore di fuoriuscire. Cuocere a Pieno per 5 minuti. Lasciar riposare per 3 minuti. Unite il pesce alle verdure. Amalgamare bene l'amido di mais con la panna, quindi incorporare il brodo. Condire con sale, pepe e l'essenza di acciughe o salsa Worcestershire. Versare sopra il pesce. Coprite come prima e cuocete a Pieno per 8 minuti. Unire l'aneto, quindi sbattere la panna e i tuorli d'uovo e incorporare al composto di pesce. Coprire come prima e cuocere su Defrost per 3 minuti.

mousse al salmone

Serve 8

30 ml/2 cucchiai di gelatina in polvere
150 ml/¼ pt/2/3 tazze di acqua fredda
418 g/15 oz/1 barattolo grande di salmone rosso
150 ml/¼ pt/2/3 tazza di maionese cremosa
15 ml/1 cucchiaio di senape dolce
10 ml/2 cucchiaini di salsa Worcestershire
30 ml/2 cucchiai di chutney di frutta, tritato se necessario

Succo di ½ limone grande
2 albumi grandi
Un pizzico di sale
Crescione, fette di cetriolo, insalata e fettine di lime fresco, per guarnire

Mescolare la gelatina in 75 ml/5 cucchiai di acqua fredda e lasciare riposare per 5 minuti per ammorbidire. Sciogliere, senza coperchio, su Defrost per 2½–3 minuti. Mescolare ancora e incorporare l'acqua rimanente. Versare il contenuto della scatoletta di salmone in una ciotola abbastanza capiente e sfaldarla con una forchetta, eliminando la pelle e le lische, quindi schiacciare abbastanza finemente. Unire la gelatina sciolta, la maionese, la senape, la salsa Worcestershire, il chutney e il succo di limone. Coprite e fate raffreddare fino a quando non inizia ad addensarsi e adagiate sui bordi. Montare a neve ben ferma gli albumi. Sbattere un terzo nella miscela di salmone con il sale. Unire gli albumi rimanenti e trasferire il composto in uno stampo ad anello da 1,5 litri/2½ pt/6 tazze, prima sciacquato con acqua fredda. Coprire con pellicola (involucro di plastica) e lasciar raffreddare per 8 ore finché non si rassoda. Prima di servire, immergere rapidamente lo stampo fino al bordo dentro e fuori dall'acqua fredda per allentarlo. Passare delicatamente un coltello bagnato sui lati, quindi capovolgere su un grande piatto da portata inumidito. (La bagnatura impedisce alla gelatina di attaccarsi.) Guarnire in modo attraente con abbondante crescione, fette di cetriolo, insalata e fette di lime.

Mousse al salmone di Dieters

Serve 8

Preparare come per la Mousse al salmone, ma sostituire la maionese con formaggio fresco o quark.

Giorno del Granchio

Serve 4

300 ml/½ pt/1 ¼ tazze di latte intero

10 ml/2 cucchiaini di spezie in salamoia miste

1 cipolla piccola, tagliata in 8 spicchi

2 rametti di prezzemolo

Un pizzico di noce moscata

30 ml/2 cucchiai di burro

30 ml/2 cucchiai di farina (per tutti gli usi).

Sale e pepe nero appena macinato

75 g/3 oz/¾ tazza di formaggio Gruyère (svizzero), grattugiato

5 ml/1 cucchiaino di senape continentale

350 g di polpa di granchio chiara e scura preparata

Fette di pane tostato

Versare il latte in una brocca di vetro o di plastica e aggiungere le spezie in salamoia, gli spicchi di cipolla, il prezzemolo e la noce moscata. Coprire con un piatto e scaldare su Full per 5-6 minuti fino a quando il latte inizia a tremare. Sforzo. Mettere il burro in una ciotola da 1,5 litri/2½ pt/6 tazze e sciogliere su Scongelare per 1½ minuti. Unire la farina. Cuocere a Pieno per 30 secondi. Amalgamare gradualmente il latte tiepido. Cuocere a fuoco pieno per circa 4 minuti, sbattendo ogni minuto, fino a quando la salsa non raggiunge il bollore e si addensa. Condire con sale e pepe e unire il formaggio e la senape. Cuocere a fuoco pieno per 30 secondi o finché il formaggio non si scioglie. Unire la polpa di granchio. Coprire con un piatto e riscaldare su Full per 2-3 minuti. Servire su pane tostato appena fatto.

Tonno Mornay

Serve 4

Preparare come per Crab Mornay, ma sostituire la polpa di granchio con il tonno in scatola sott'olio. Sgusciate la polpa con due forchette e aggiungetela alla salsa con l'olio della latta.

Mattinata di salmone rosso

Serve 4

Preparare come per Crab Mornay, ma sostituire la polpa di granchio con il salmone rosso in scatola, sgocciolato e sfaldato.

Combinazione di frutti di mare e noci

Serve 4

45 ml/3 cucchiai di olio d'oliva
1 cipolla, tritata
2 carote, affettate
2 gambi di sedano, affettati sottilmente

1 peperone rosso (campana), privato dei semi e tagliato a listarelle

1 peperone verde (campana), privato dei semi e tagliato a listarelle

1 zucchina piccola (zucchina), affettata sottilmente

250 ml/8 fl oz/1 tazza di vino bianco

Un pizzico di spezie miste

300 ml/½ pt/1¼ tazze di brodo di pesce o vegetale

450 g di pomodori maturi, sbollentati, spellati e tritati

125 g di anelli di calamari

400 g di filetto di platessa o sogliola al limone, tagliato a quadrati

125 g di cozze cotte

4 grandi gamberi cotti (gamberi)

50 g/2 oz/½ tazza di noci a metà o in pezzi

50 g di uva sultanina (uvetta dorata)

Un goccio di sherry

Sale e pepe nero appena macinato

Succo di 1 limone

30 ml/2 cucchiai di prezzemolo tritato

Scaldare l'olio in una casseruola da 2,5 litri/4½ pt/11 tazze (forno olandese) su Pieno per 2 minuti. Aggiungere tutte le verdure. Cuocete, senza coperchio, a fuoco Pieno per 5 minuti, mescolando due volte. Aggiungere il vino, le spezie, il brodo ei pomodori con tutto il pesce ei frutti di mare. Coprire con pellicola (involucro di plastica) e tagliarlo due volte per permettere al vapore di fuoriuscire. Cuocere a Pieno per 10 minuti. Unire tutti gli altri ingredienti tranne il prezzemolo. Coprite come prima e cuocete a Pieno per 4 minuti. Scoprite, spolverizzate con il prezzemolo e servite subito.

Anello di salmone con aneto

Serve 8–10

125 g/4 oz/3½ fette di pane bianco sfuso
900 g di filetto di salmone fresco con la pelle, tagliato a cubetti
10 ml/2 cucchiaini di salsa di acciughe in bottiglia
5–7,5 ml/1–1½ cucchiaino di sale

1 spicchio d'aglio, schiacciato

4 uova grandi, sbattute

25 g/1 oz di aneto fresco (erba di aneto)

Pepe bianco

Imburrate leggermente una teglia profonda 23 cm/9 di diametro. Sbriciolare il pane in un robot da cucina. Aggiungi tutti gli altri ingredienti. Frullare la macchina fino a quando il composto non sarà appena amalgamato e il pesce tritato grossolanamente. Evita di mescolare troppo o il composto risulterà pesante e denso. Distribuire uniformemente nel piatto preparato e spingere un vasetto di marmellata per bambini (conserva) o un portauovo dritto al centro in modo che il composto formi un anello. Coprire con pellicola (involucro di plastica) e tagliarlo due volte per permettere al vapore di fuoriuscire. Cuocete a Pieno per 15 minuti, girando il piatto due volte. (L'anello si restringe dal lato del piatto.) Lasciare riposare fino a quando non si raffredda, quindi coprire e raffreddare. Taglia a spicchi e servi. Gli avanzi possono essere utilizzati nei panini.

Anello Di Pesce Misto Con Prezzemolo

Serve 8–10

Preparare come per l'anello di salmone con aneto, ma sostituire il salmone con una miscela di filetto di salmone fresco spellato, ippoglosso ed eglefino e 45 ml/3 cucchiai di prezzemolo tritato per l'aneto.

Casseruola Di Merluzzo Con Pancetta E Pomodori

Serve 6

30 ml/2 cucchiai di burro o margarina
225 g di prosciutto crudo, tritato grossolanamente
2 cipolle, affettate

1 grande peperone verde (campana), privato dei semi e tagliato a listarelle
2 3 400 g/2 3 14 oz/2 lattine grandi pomodori
15 ml/1 cucchiaio di senape continentale delicata
45 ml/3 cucchiai di Cointreau o Grand Marnier
Sale e pepe nero appena macinato
700 g di filetto di merluzzo senza pelle, tagliato a cubetti
2 spicchi d'aglio, schiacciati
60 ml/4 cucchiai di pangrattato marrone tostato
15 ml/1 cucchiaio di olio di arachidi (arachidi) o di girasole

Mettere il burro o la margarina in una casseruola da 2 litri/3½ pt/8½ tazze (forno olandese). Scaldare, senza coperchio, a fuoco Pieno per 1 minuto e mezzo. Unire il prosciutto, le cipolle e il pepe. Cuocere, senza coperchio, su Defrost per 10 minuti, mescolando due volte. Togliere dal microonde. Lavorate i pomodori, sminuzzandoli con una forchetta, e mantecate con la senape, il liquore e il condimento. Coprire con pellicola (involucro di plastica) e tagliarlo due volte per permettere al vapore di fuoriuscire. Cuocere a Pieno per 6 minuti. Aggiungere il pesce e l'aglio. Coprire come prima e cuocere a fuoco medio per 10 minuti. Spolverizzate con il pangrattato e versateci sopra l'olio. Scaldare, scoperto, su Pieno per 1 minuto.

Pentola per pesci di Slimmers

Serve 2

Condito con una salsa jalapeno piccante e decisamente speziato, goditi questo banchetto di pesce di lusso con pane francese croccante e vino rosso rustico.

2 cipolle, tritate grossolanamente

2 spicchi d'aglio, schiacciati

15 ml/1 cucchiaio di olio d'oliva

400 g/14 oz/1 barattolo grande di pomodori tagliati a pezzetti

200 ml/7 fl oz/scarso 1 tazza di vino rosato

15 ml/1 cucchiaio Pernod o Ricard (pastis)

10 ml/2 cucchiaini di salsa jalapeno

2,5 ml/½ cucchiaino di salsa di peperoncino

10 ml/2 cucchiaini di garam masala

1 foglia di alloro

2,5 ml/½ cucchiaino di origano secco

2,5–5 ml/½–1 cucchiaino di sale

225 g di coda di rospo o ippoglosso senza pelle, tagliato a listarelle

12 grandi gamberi cotti (gamberi)

2 capesante grandi, tagliate a listarelle

30 ml/2 cucchiai di coriandolo tritato (coriandolo), per guarnire

Mettere le cipolle, l'aglio e l'olio in una casseruola da 2 litri/3½ pt/8½ tazze (forno olandese). Coprite con un piatto e cuocete a Pieno per 3 minuti. Unire gli altri ingredienti tranne il pesce, i crostacei e il coriandolo. Coprite come prima e cuocete a Pieno per 6 minuti, mescolando tre volte. Unire la coda di rospo o l'halibut. Coprire come prima e cuocere su Defrost per 4 minuti fino a quando il pesce non si imbianca. Unire i gamberi e le capesante. Coprire come prima e cuocere su Defrost per 1 minuto e mezzo. Mescolare, versare nei piatti fondi e cospargere ciascuno con il coriandolo. Servire subito.

Pollo arrosto

Il pollo cotto al microonde può essere succulento e aromatizzato in modo attraente se viene trattato con una confettura adatta e lasciato non farcito.

1 pollo pronto per il forno, dimensioni quanto basta

Per l'impasto:
25 g/1 oz/2 cucchiai di burro o margarina
5 ml/1 cucchiaino di paprika
5 ml/1 cucchiaino di salsa Worcestershire
5 ml/1 cucchiaino di salsa di soia
2,5 ml/½ cucchiaino di sale all'aglio o 5 ml/1 cucchiaino di pasta all'aglio
5 ml/1 cucchiaino di passata di pomodoro (pasta)

Metti il pollo lavato e asciugato in un piatto abbastanza grande da tenerlo comodamente e anche per adattarsi al microonde. (Non è necessario che sia profondo.) Per fare la bagna, sciogli il burro o la margarina su Full per 30-60 secondi. Unire gli altri ingredienti e versare sopra il pollo. Coprire con pellicola (involucro di plastica) e tagliarlo due volte per permettere al vapore di fuoriuscire. Cuocere a fuoco pieno per 8 minuti ogni 450 g, girando il piatto ogni 5 minuti. A metà cottura, spegnere il microonde e lasciare riposare l'uccellino all'interno per 10 minuti, quindi completare la cottura. Lasciar riposare per altri 5 minuti. Trasferire su un tagliere, coprire con un foglio e lasciare riposare per 5 minuti prima di intagliare.

Pollo Arrosto Glassato

Preparare come per il pollo arrosto, ma aggiungere all'impasto 5 ml/1 cucchiaino di melassa nera, 10 ml/2 cucchiaini di zucchero di canna, 5 ml/1 cucchiaino di succo di limone e 5 ml/1 cucchiaino di salsa marrone. Consentire un tempo di cottura extra di 30 secondi.

Pollo Tex-Mex

Preparare come per il pollo arrosto. A cottura ultimata dividere l'uccello in porzioni e metterlo in un piatto pulito. Ricoprire con la salsa acquistata, da media a calda a seconda dei gusti. Cospargere con 225 g di formaggio Cheddar grattugiato. Riscaldare, senza coperchio, su Defrost per circa 4 minuti fino a quando il formaggio non si scioglie e bolle. Servire con fagioli fritti in scatola e fette di avocado spruzzate con succo di limone.

Pollo Incoronazione

1 pollo arrosto
45 ml/3 cucchiai di vino bianco
30 ml/2 cucchiai di passata di pomodoro (pasta)
30 ml/2 cucchiai di chutney di mango
30 ml/2 cucchiai di confettura di albicocche setacciata (filtrata)
(conserva)
30 ml/2 cucchiai di acqua
Succo di ½ limone
10 ml/2 cucchiaini di pasta di curry dolce
10 ml/2 cucchiaini di sherry
300 ml di maionese densa
60 ml/4 cucchiai di panna montata
225 g/8 oz/1 tazza di riso a grani lunghi, bollito
Crescione

Segui la ricetta per il pollo arrosto, compresa la confettura. A cottura ultimata, togliere la carne dalle ossa e tagliarla a bocconcini. Mettere in una terrina. Versare il vino in un piatto e aggiungere la passata di pomodoro, il chutney, la marmellata, l'acqua e il succo di limone. Scaldare, scoperto, su Pieno per 1 minuto. Lasciar raffreddare. Unire la pasta di curry, lo sherry e la maionese e incorporare la panna. Unire con il pollo. Disporre un letto di riso su un grande piatto da portata e versarvi sopra il composto di pollo. Guarnire con crescione.

Veronica di pollo

1 pollo arrosto

1 cipolla, grattugiata finemente

25 g/1 oz/2 cucchiai di burro o margarina

150 ml/¼ pt/2/3 tazze di crème fraîche

30 ml/2 cucchiai di porto bianco o sherry semisecco

60 ml/4 cucchiai di maionese densa

10 ml/2 cucchiaini di senape fatta

5 ml/1 cucchiaino di ketchup (catsup)

1 gambo di sedano piccolo, tritato

75 g di uva verde senza semi

Grappoli d'uva senza semi verdi o rossi, per guarnire

Segui la ricetta per il pollo arrosto, compresa la confettura. A cottura ultimata, togliere la carne dalle ossa e tagliarla a bocconcini. Mettere in una terrina. Mettere la cipolla in una ciotolina con il burro o la margarina e cuocere, scoperta, a fuoco Pieno per 2 minuti. In una terza ciotola, sbatti insieme la crème fraîche, il porto o lo sherry, la maionese, la senape, il ketchup e il sedano. Incorporate il pollo con la cipolla cotta e l'uva. Versare bene in un piatto da portata e guarnire con i grappoli d'uva.

Pollo in salsa di aceto con dragoncello

Adattato da una ricetta scoperta in un ristorante di prim'ordine a Lione, in Francia, all'inizio degli anni Settanta.

1 pollo arrosto
25 g/1 oz/2 cucchiai di burro o margarina
30 ml/2 cucchiai di farina di mais (amido di mais)
15 ml/1 cucchiaio di passata di pomodoro (pasta)
45 ml/3 cucchiai di panna doppia (pesante).
45 ml/3 cucchiai di aceto di malto
Sale e pepe nero appena macinato

Segui la ricetta per il pollo arrosto, compresa la confettura. Tagliare l'uccello cotto in sei porzioni, coprire con un foglio e tenere in caldo su un piatto. Per preparare la salsa, versare il fondo di cottura del pollo in una caraffa graduata e portare a 250 ml con acqua calda. Mettere il burro o la margarina in un piatto separato e scaldare, senza coperchio, su Full per 1 minuto. Unire la maizena, la passata di pomodoro, la panna e l'aceto e condire a piacere con sale e pepe nero appena macinato. Amalgamare gradualmente i succhi di pollo caldi. Cuocere, senza coperchio, a fuoco Pieno per 4-5 minuti fino a quando non si sarà addensato e spumeggiante, sbattendo ogni minuto. Versare sul pollo e servire subito.

Pollo arrosto danese con ripieno di prezzemolo

Preparare come per il pollo arrosto, ma fare diverse fessure nella pelle di pollo cruda e guarnire con rametti di prezzemolo. Metti 25 g/1 oz/2 cucchiai di burro all'aglio nella cavità del corpo. Quindi procedere come nella ricetta.

Simla di pollo

Una specialità anglo-indiana dei tempi del Raj.

1 pollo arrosto
15 ml/1 cucchiaio di burro
5 ml/1 cucchiaino di radice di zenzero tritata finemente
5 ml/1 cucchiaino di purea d'aglio (pasta)
2,5 ml/½ cucchiaino di curcuma
2,5 ml/½ cucchiaino di paprika
5 ml/1 cucchiaino di sale
300 ml/½ pt/1¼ tazze di panna da montare
Anelli di cipolla fritti (saltati), fatti in casa o acquistati, per guarnire

Segui la ricetta per il pollo arrosto, compresa la confettura. A cottura ultimata dividere l'uccellino in sei pezzi e tenerlo in caldo su un piatto capiente o in un piatto. Scaldare il burro in un piatto da 600 ml/1 pt/2½ tazza su Pieno per 1 minuto. Aggiungere la purea di zenzero e aglio. Cuocete, senza coperchio, a fuoco Pieno per 1 minuto e mezzo. Unire la curcuma, la paprika e il sale, quindi la panna. Scaldare, senza coperchio, su Pieno per 4-5 minuti fino a quando la crema inizia a bollire, sbattendo almeno quattro volte. Versare sopra il pollo e guarnire con anelli di cipolla.

Pollo piccante con cocco e coriandolo

Serve 4

Un piatto al curry delicatamente speziato dell'Africa meridionale.

8 porzioni di pollo, 1,25 kg in tutto
45 ml/3 cucchiai di cocco essiccato (grattugiato).
1 peperoncino verde, lungo circa 8 cm, privato dei semi e tritato
1 spicchio d'aglio, schiacciato
2 cipolle, grattugiate
5 ml/1 cucchiaino di curcuma
5 ml/1 cucchiaino di zenzero macinato
10 ml/2 cucchiaini di curry in polvere delicato
90 ml/6 cucchiai di coriandolo (coriandolo) tritato grossolanamente
150 ml/¼ pt/2/3 tazza di latte di cocco in scatola
125 g di ricotta con erba cipollina
Sale
175 g/6 oz/¾ tazza di riso a grani lunghi, bollito
Chutney, per servire

Pelare il pollo. Disporre attorno al bordo di una teglia profonda 25 cm/10 di diametro, spingendo i pezzi l'uno vicino all'altro in modo che aderiscano perfettamente. Coprire con pellicola (involucro di plastica) e tagliarlo due volte per permettere al vapore di fuoriuscire. Cuocete a

Pieno per 10 minuti, girando il piatto due volte. Mettere il cocco in una ciotola con tutti gli altri ingredienti tranne il riso. Mescolare bene. Scoprire il pollo e ricoprire con la miscela di cocco. Coprite come prima e cuocete a Pieno per 10 minuti, girando il piatto quattro volte. Servire in piatti fondi su un mucchio di riso con chutney distribuito separatamente.

Coniglio piccante

Serve 4

Preparare come per il pollo piccante con cocco e coriandolo, ma sostituire il pollo con otto porzioni di coniglio.

Tacchino piccante

Serve 4

Preparare come per il pollo piccante con cocco e coriandolo, ma sostituire il pollo con otto pezzi da 175 g/6 once di filetto di petto di tacchino disossato.

Bredie Di Pollo Con Pomodori

Serve 6

Uno stufato sudafricano, che utilizza la combinazione di ingredienti più popolare del popolo.

30 ml/2 cucchiai di olio di semi di girasole o di mais
3 cipolle, tritate finemente
1 spicchio d'aglio, tritato finemente
1 peperoncino verde piccolo, privato dei semi e tritato
4 pomodori, sbollentati, spellati e affettati
750 g di petti di pollo disossati, tagliati a cubetti
5 ml/1 cucchiaino di zucchero di canna morbido scuro
10 ml/2 cucchiaini di passata di pomodoro (pasta)
7,5–10 ml/1½ –2 cucchiaini di sale

Versare l'olio in una teglia profonda 25 cm/10 di diametro. Aggiungere le cipolle, l'aglio e il peperoncino e mescolare accuratamente. Cuocere, senza coperchio, per 5 minuti. Aggiungere gli altri ingredienti nella teglia e fare un piccolo incavo al centro con un portauovo in modo che il composto formi un anello. Coprire con pellicola (involucro di plastica) e tagliarlo due volte per permettere al vapore di fuoriuscire.

Cuocete a Pieno per 14 minuti, girando il piatto quattro volte. Lasciar riposare per 5 minuti prima di servire.

Pollo cotto rosso cinese

Serve 4

Un sofisticato stufato cinese, il pollo assume un colore mogano mentre cuoce a fuoco lento nella salsa. Consumare con abbondante riso bollito per assorbire i succhi salati.

6 funghi secchi cinesi
8 cosce di pollo grandi, 1 kg/2¼ lb in tutto
1 cipolla grande, grattugiata
60 ml/4 cucchiai di zenzero conservato tritato finemente
75 ml/5 cucchiai di sherry dolce
15 ml/1 cucchiaio di melassa nera (melassa)
Buccia grattugiata di 1 mandarino o agrume simile a buccia sciolta
50 ml/2 fl oz/3½ tazza di salsa di soia

Mettere a bagno i funghi in acqua calda per 30 minuti. Scolare e tagliare a listarelle. Tagliare le parti carnose delle cosce e disporle attorno al bordo di una teglia profonda 25 cm/10 di diametro con le estremità ossee rivolte verso il centro. Coprire con pellicola (involucro di plastica) e tagliarlo due volte per permettere al vapore di fuoriuscire.

Cuocete a Pieno per 12 minuti, girando il piatto tre volte. Mescolare insieme gli altri ingredienti, compresi i funghi, e versare sopra il pollo. Coprite come prima e cuocete a Pieno per 14 minuti. Lasciar riposare per 5 minuti prima di servire.

Ali di pollo aristocratiche

Serve 4

Una ricetta cinese secolare, prediletta dall'élite e mangiata con le tagliatelle all'uovo.

8 funghi secchi cinesi
6 cipollotti (scalogno), tritati grossolanamente
15 ml/1 cucchiaio di olio di arachidi (arachidi).
900 g di ali di pollo
Germogli di bambù affettati in scatola da 225 g/8 once
30 ml/2 cucchiai di farina di mais (amido di mais)
45 ml/3 cucchiai di vino di riso cinese o sherry semisecco
60 ml/4 cucchiai di salsa di soia
10 ml/2 cucchiaini di zenzero fresco tritato finemente

Mettere a bagno i funghi in acqua calda per 30 minuti. Scolare e tagliare in quarti. Mettere le cipolle e l'olio in una teglia profonda 25 cm/10 di diametro. Cuocere, senza coperchio, a fuoco pieno per 3 minuti. Mescolare. Disporre le ali di pollo nella teglia, lasciando un piccolo incavo al centro. Coprire con pellicola (involucro di plastica) e tagliarlo due volte per permettere al vapore di fuoriuscire. Cuocete a Pieno per 12 minuti, girando il piatto tre volte. Scoprire. Ricoprire con i germogli di bambù e il liquido della lattina e cospargere i funghi sopra. Frullare l'amido di mais con il vino di riso o lo sherry. Aggiungere gli altri ingredienti. Versare sopra il pollo e le verdure. Coprire come prima e cuocere a fuoco Pieno per 10-12 minuti fino a quando il liquido non inizia a bollire. Lasciar riposare per 5 minuti prima di servire.

Chow Mein Di Pollo

Serve 4

½ cetriolo, sbucciato e tagliato a cubetti
275 g/10 oz/2½ tazze di pollo cotto a freddo, tagliato a cubetti
450 g di verdure miste fresche per friggere
30 ml/2 cucchiai di salsa di soia
30 ml/2 cucchiai di sherry semisecco
5 ml/1 cucchiaino di olio di sesamo
2,5 ml/½ cucchiaino di sale
Tagliatelle cinesi bollite, per servire

Mettere il cetriolo e il pollo in un piatto da 1,75 litri/3 pt/7½ tazze. Unire tutti gli altri ingredienti. Coprire con un piatto ampio e cuocere a fuoco pieno per 10 minuti. Lasciare riposare per 3 minuti prima di servire con le tagliatelle cinesi.

pollo alla cinese

Serve 4

Preparare come per il Chicken Chow Mein, ma sostituire i noodles con riso a chicco lungo bollito.

Pollo cinese marinato espresso

Serve 3

Degustazione autentica ma veloce come può essere. Mangia con riso o noodles e sottaceti cinesi.

6 grosse cosce di pollo, circa 750 g in tutto
125 g/4 oz/1 tazza di chicchi di mais dolce, scongelati a metà se congelati
1 porro, tritato
60 ml/4 cucchiai comprato marinata cinese

Mettere il pollo in una ciotola profonda e aggiungere gli altri ingredienti. Mescolare bene. Coprite e fate raffreddare per 4 ore.

Agitare. Trasferire in una teglia profonda 23 cm/9 di diametro, disponendo il pollo lungo il bordo. Coprire con pellicola (involucro di plastica) e tagliarlo due volte per permettere al vapore di fuoriuscire. Cuocete a Pieno per 16 minuti, girando il piatto quattro volte. Lasciar riposare per 5 minuti prima di servire.

Pollo di Hong Kong con verdure miste e germogli di soia

Serve 2–3

4 funghi secchi cinesi
1 cipolla grande, tritata
1 carota, grattugiata
15 ml/1 cucchiaio di olio di arachidi (arachidi).
2 spicchi d'aglio, schiacciati
225 g/8 oz/2 tazze di pollo cotto, tagliato a strisce
275 g/10 oz di germogli di soia
15 ml/1 cucchiaio di salsa di soia
1,5 ml/¼ cucchiaino di olio di sesamo
Un bel pizzico di pepe di Caienna
2,5 ml/½ cucchiaino di sale
Riso bollito o spaghetti cinesi, per servire

Mettere a bagno i funghi in acqua calda per 30 minuti. Scolare e tagliare a listarelle. Mettere la cipolla, la carota e l'olio in un piatto da

1,75 litri/3 pt/7½ tazze. Cuocere, senza coperchio, a fuoco pieno per 3 minuti. Unire gli altri ingredienti. Coprire con pellicola (involucro di plastica) e tagliarlo due volte per permettere al vapore di fuoriuscire. Cuocete a Pieno per 5 minuti, girando il piatto tre volte. Lasciar riposare per 5 minuti prima di servire con riso o tagliatelle.

Pollo con salsa al drago d'oro

Serve 4

4 grandi arrosti di pollo carnosi, 225 g/8 oz ciascuno, spellati
Farina normale (per tutti gli usi).
1 cipolla piccola, tritata
2 spicchi d'aglio, schiacciati
30 ml/2 cucchiai di salsa di soia
30 ml/2 cucchiai di sherry semisecco
30 ml/2 cucchiai di olio di arachidi (arachidi).
60 ml/4 cucchiai di succo di limone
60 ml/4 cucchiai di zucchero di canna morbido chiaro
45 ml/3 cucchiai di marmellata di albicocche sciolta e setacciata
(filtrata) (conserva)
5 ml/1 cucchiaino di coriandolo macinato (coriandolo)
3–4 gocce di salsa di peperoncino
Insalata di germogli di fagioli e spaghetti cinesi, per servire

Tagliare le parti spesse degli arrosti di pollo in più punti con un coltello affilato, spolverare di farina, quindi disporre in una teglia profonda 25 cm/10 di diametro. Mescolare bene gli altri ingredienti. Versare sopra il pollo. Coprite la teglia senza stringere con carta da cucina e lasciate marinare in frigorifero per 4-5 ore, rigirando le giunture due volte. Disporre i lati tagliati in alto, quindi coprire la teglia con pellicola (involucro di plastica) e tagliarla due volte per far fuoriuscire il vapore. Cuocete a Pieno per 22 minuti, girando il piatto quattro volte. Servire su un letto di tagliatelle e ricoprire con i succhi del piatto.

Alette di pollo allo zenzero con lattuga

Serve 4–5

1 lattuga cos (romaine) grande, grattugiata
2,5 cm/1 pezzo di radice di zenzero, affettata sottilmente
2 spicchi d'aglio, schiacciati
15 ml/1 cucchiaio di olio di arachidi (arachidi).
300 ml/½ pt/1¼ tazze di brodo di pollo bollente
30 ml/2 cucchiai di farina di mais (amido di mais)
2,5 ml/½ cucchiaino di cinque spezie in polvere
60 ml/4 cucchiai di acqua fredda
5 ml/1 cucchiaino di salsa di soia
5 ml/1 cucchiaino di sale
1 kg di ali di pollo
Riso bollito o spaghetti cinesi, per servire

Mettere la lattuga, lo zenzero, l'aglio e l'olio in una casseruola abbastanza grande (forno olandese). Coprite con un piatto e cuocete a Pieno per 5 minuti. Scoprire e aggiungere il brodo bollente. Frullare l'amido di mais e la polvere di cinque spezie con l'acqua fredda. Unire la salsa di soia e il sale. Unire al composto di lattuga le ali di pollo, mescolando delicatamente fino a quando non saranno ben amalgamate. Coprire con pellicola (involucro di plastica) e tagliarlo due volte per permettere al vapore di fuoriuscire. Cuocere a fuoco pieno per 20 minuti, girando il piatto quattro volte. Lasciar riposare per 5 minuti prima di servire con riso o tagliatelle.

Pollo al cocco di Bangkok

Serve 4

L'articolo genuino, fatto nella mia cucina da un giovane amico thailandese.

4 petti di pollo disossati, 175 g ciascuno
200 ml/7 fl oz/scarso 1 tazza di cocco mantecato
Succo di 1 lime
30 ml/2 cucchiai di acqua fredda
2 spicchi d'aglio, schiacciati
5 ml/1 cucchiaino di sale
1 gambo di citronella, tagliata a metà per il lungo, o 6 foglie di melissa
2–6 peperoncini verdi o 1,5–2,5 ml/¼–½ cucchiaino di peperoncino rosso essiccato in polvere

4-5 foglie di lime fresche

20 ml/4 cucchiaini di coriandolo (coriandolo) tritato

175 g/6 oz/¾ tazza di riso a grani lunghi, bollito

Disporre il pollo attorno al bordo di una teglia profonda 20 cm/8 di diametro, lasciando un incavo al centro. Coprire con pellicola (involucro di plastica) e tagliarlo due volte per permettere al vapore di fuoriuscire. Cuocete a Pieno per 6 minuti, girando il piatto due volte. Unire la crema di cocco, il succo di lime e l'acqua, quindi aggiungere l'aglio e il sale e versare sul pollo. Cospargere la citronella o le foglie di melissa, i peperoncini a piacere e le foglie di lime. Coprite come prima e cuocete a Pieno per 8 minuti, girando il piatto tre volte. Lasciar riposare per 5 minuti. Scoprire e mantecare con il coriandolo, quindi servire con il riso.

pollo al satay

Serve 8 come antipasto, 4 come piatto principale

Per la marinata:

30 ml/2 cucchiai di olio di arachidi (arachidi).

30 ml/2 cucchiai di salsa di soia

1 spicchio d'aglio, schiacciato

900 g di petto di pollo disossato, tagliato a cubetti

Per la salsa satay:

10 ml/2 cucchiaini di olio di arachidi

1 cipolla, tritata

2 peperoncini verdi, ciascuno lungo circa 8 cm, privati dei semi e tritati finemente
2 spicchi d'aglio, schiacciati
150 ml/¼ pt/2/3 tazze di acqua bollente
60 ml/4 cucchiai di burro di arachidi croccante
10 ml/2 cucchiaini di aceto di vino
2,5 ml/½ cucchiaino di sale
175 g/6 oz/¾ tazza di riso a grani lunghi, bollito (opzionale)

Per preparare la marinata, unire l'olio, la salsa di soia e l'aglio in una terrina e aggiungere il pollo, mescolando bene per ricoprirlo bene. Coprire e raffreddare per 4 ore in inverno, 8 in estate.

Per preparare la salsa, versate l'olio in una teglia o ciotola di media grandezza e aggiungete la cipolla, i peperoncini e l'aglio. Prima di completare la salsa, infilare i cubetti di pollo su otto spiedini oliati. Disporre, quattro per volta, su un piatto grande come i raggi di una ruota. Cuocete, senza coperchio, a fuoco Pieno per 5 minuti, rigirando una volta. Ripeti con i restanti quattro spiedini. Tieni caldo. Per finire la salsa, coprire la ciotola con pellicola (involucro di plastica) e tagliarla due volte per far fuoriuscire il vapore. Cuocere a Pieno per 2 minuti. Unire l'acqua bollente, il burro di arachidi, l'aceto e il sale. Cuocere, senza coperchio, per 3 minuti, mescolando una volta. Lasciar riposare per 30 secondi e servire, con il riso se un piatto principale.

Pollo alle arachidi

Serve 4

4 petti di pollo disossati, 175 g ciascuno

125 g/4 oz/½ tazza di burro di arachidi liscio

2,5 ml/½ cucchiaino di zenzero macinato

2,5 ml/½ cucchiaino di sale all'aglio

10 ml/2 cucchiaini di curry in polvere delicato

Salsa cinese di hoisin

Tagliatelle cinesi bollite, per servire

Disporre il pollo attorno al bordo di una teglia profonda 23 cm/9 di diametro, lasciando un incavo al centro. Mettere il burro di arachidi, lo zenzero, il sale all'aglio e il curry in polvere in un piattino e scaldare, senza coperchio, su Full per 1 minuto. Distribuire uniformemente sul pollo, quindi ricoprire leggermente di salsa di hoisin. Coprire con pellicola (involucro di plastica) e tagliarlo due volte per permettere al vapore di fuoriuscire. Cuocete a Pieno per 16 minuti, girando il piatto quattro volte. Lasciar riposare per 5 minuti prima di servire con le tagliatelle cinesi.

Pollo indiano con yogurt

Serve 4

Un curry semplice, veloce da preparare. È a basso contenuto di grassi quindi consigliato per i più magri, magari con un contorno di cavolfiore e una fetta o due di pane semifreddo.

750 g di cosce di pollo con la pelle

150 ml/¼ pt/2/3 tazze di yogurt bianco

15 ml/1 cucchiaio di latte

5 ml/1 cucchiaino di garam masala

1,5 ml/¼ cucchiaino di curcuma

5 ml/1 cucchiaino di zenzero macinato

5 ml/1 cucchiaino di coriandolo macinato (coriandolo)

5 ml/1 cucchiaino di cumino macinato

15 ml/1 cucchiaio di olio di mais o girasole

45 ml/3 cucchiai di acqua calda

60 ml/4 cucchiai di coriandolo tritato grossolanamente, per guarnire

Mettere il pollo in una teglia profonda 30 cm/12 di diametro. Sbattere insieme tutti gli altri ingredienti e versare sopra il pollo. Coprire e marinare in frigorifero per 6-8 ore. Coprire con un piatto e scaldare a fuoco pieno per 5 minuti. Mescolare il pollo. Coprire la teglia con pellicola (involucro di plastica) e tagliarla due volte per far fuoriuscire il vapore. Cuocete a Pieno per 15 minuti, girando il piatto quattro volte. Lasciar riposare per 5 minuti. Scoprire e cospargere con il coriandolo tritato prima di servire.

Pollo giapponese con uova

Serve 4

100 ml/3½ fl oz/6½ cucchiai di brodo di pollo o manzo caldo

60 ml/4 cucchiai di sherry semisecco

30 ml/2 cucchiai di salsa teriyaki

15 ml/1 cucchiaio di zucchero di canna morbido chiaro

250 g di pollo cotto, tagliato a listarelle

4 uova grandi, sbattute
175 g/6 oz/¾ tazza di riso a grani lunghi, bollito

Versare il brodo, lo sherry e la salsa teriyaki in un piatto fondo di 18 cm/7 di diametro. Unire lo zucchero. Coprire con pellicola (involucro di plastica) e tagliarlo due volte per permettere al vapore di fuoriuscire. Cuocere a Pieno per 5 minuti. Scoprire e mescolare. Unire il pollo e versare sopra le uova. Cuocete, senza coperchio, a fuoco Pieno per 6 minuti, girando il piatto tre volte. Per servire, versare il riso in quattro ciotole riscaldate e guarnire con il composto di uova e pollo.

Casseruola Di Pollo Portoghese

Serve 4

25 g/1 oz/2 cucchiai di burro o margarina o 25 ml/1½ cucchiaio di olio d'oliva
2 cipolle, tagliate in quattro
2 spicchi d'aglio, schiacciati
4 arrosti di pollo, 900 g/2 libbre in tutto

125 g/4 oz/1 tazza di prosciutto cotto, tagliato a cubetti
3 pomodori, sbollentati, spellati e tritati
150 ml/¼ pt/2/3 tazza di vino bianco secco
10 ml/2 cucchiaini di senape francese
7,5–10 ml/1½–2 cucchiaini di sale

Mettere il burro, la margarina o l'olio in una casseruola da 20 cm/8 di diametro (forno olandese). Scaldare, scoperto, su Pieno per 1 minuto. Unire le cipolle e l'aglio. Cuocere, senza coperchio, a fuoco pieno per 3 minuti. Aggiungi il pollo. Coprire con pellicola (involucro di plastica) e tagliarlo due volte per permettere al vapore di fuoriuscire. Cuocete a Pieno per 14 minuti, girando il piatto due volte. Unire gli altri ingredienti. Coprite come prima e cuocete a Pieno per 6 minuti. Lasciar riposare per 5 minuti prima di servire.

Casseruola di pollo piccante all'inglese

Serve 4

Preparare come per la casseruola di pollo portoghese, ma sostituire il sidro di vino medio secco e aggiungere 5 noci marinate in quarti con gli altri ingredienti. Consentire un ulteriore tempo di cottura di 1 minuto.

Pollo Tandoori di Compromesso

Serve 8 come antipasto, 4 come piatto principale

Un piatto indiano tradizionalmente preparato in un forno di terracotta o tandoor, ma questa versione a microonde è del tutto accettabile.

8 pezzi di pollo, circa 1,25 kg in tutto
250 ml/8 fl oz/1 tazza di yogurt bianco alla greca denso
30 ml/2 cucchiai di mix di spezie tandoori
10 ml/2 cucchiaini di coriandolo macinato (coriandolo)
5 ml/1 cucchiaino di paprika
5 ml/1 cucchiaino di curcuma
30 ml/2 cucchiai di succo di limone
2 spicchi d'aglio, schiacciati
7,5 ml/1½ cucchiaino di sale
Pane indiano e insalata mista, per servire

Tagliate le parti carnose del pollo in più punti. Montare leggermente lo yogurt con tutti gli altri ingredienti. Disporre il pollo in una teglia profonda 25 cm/10 di diametro e ricoprire con il mix tandoori. Coprite bene con carta da cucina e fate marinare per 6 ore in frigorifero. Capovolgere, bagnare con la marinata e lasciar raffreddare per altre 3-4 ore, coperto come prima. Coprire con pellicola (involucro di plastica) e tagliarlo due volte per permettere al vapore di fuoriuscire. Cuocere a fuoco pieno per 20 minuti, girando il piatto quattro volte. Scoprire il piatto e girare il pollo. Coprite ancora con pellicola e cuocete a Pieno per altri 7 minuti. Lasciar riposare per 5 minuti prima di servire.

paella

Serve 6

1 kg di petto di pollo disossato
30 ml/2 cucchiai di olio d'oliva
2 cipolle, tritate
2 spicchi d'aglio, schiacciati
1 peperone verde (campana), privato dei semi e tritato
225 g/8 oz/1 tazza di riso per risotto
1 bustina di zafferano in polvere o 5 ml/1 cucchiaino di curcuma
175 g/6 oz/1½ tazze di piselli surgelati
4 pomodori, sbollentati e spellati
225 g di cozze cotte
75 g/3 oz/¾ tazza di prosciutto cotto, a cubetti
125 g/4 oz/1 tazza di gamberi sgusciati (gamberi)
600 ml/1 pt/2½ tazze di acqua bollente
7,5–10 ml/1½–2 cucchiaini di sale
Cozze extra cotte, gamberi cotti e spicchi di limone per guarnire

Disporre il pollo attorno al bordo di una casseruola da 25 cm/10 di diametro (forno olandese), lasciando un buco al centro. Coprire con pellicola (involucro di plastica) e tagliarlo due volte per permettere al vapore di fuoriuscire. Cuocere a Pieno per 15 minuti. Scolare il liquido e mettere da parte. Taglia il pollo a cubetti. Lavate e asciugate il piatto. Versare l'olio nella padella e scaldare a fuoco Pieno per 1 minuto. Unire le cipolle, l'aglio e il peperone verde. Cuocere, senza coperchio, a fuoco pieno per 4 minuti. Aggiungere tutti gli altri ingredienti con il pollo e il liquore messo da parte, mescolando bene. Coprite come prima e cuocete a Pieno per 20 minuti, girando il piatto tre volte. Lasciar riposare all'interno del forno per 10 minuti, quindi cuocere per altri 5 minuti. Scoprire e guarnire con cozze, gamberi e spicchi di limone.

Paella con Pimientos

Serve 6

Preparare come per la paella, ma omettere le cozze e altri frutti di mare se si preferisce, e guarnire con fette di limone, 200 g di pimiento in scatola scolati, tagliati a listarelle e piselli extra.

Pollo all'Amandina

Serve 4

Una ricetta corta tipicamente nordamericana.

4 poussin (polli), circa 450 g ciascuno
300 ml/10 fl oz/1 lattina di crema condensata di zuppa di funghi
150 ml/¼ pt/2/3 tazza di sherry semisecco
1 spicchio d'aglio, schiacciato
90 ml/6 cucchiai di mandorle a scaglie tostate (a scaglie).
175 g/6 oz/¾ tazza di riso integrale, bollito
Broccoli

Disporre i poussins, con il petto rivolto verso il basso e in un unico strato, in un piatto ampio e profondo che si adatti al microonde. Coprire con pellicola (involucro di plastica) e tagliarlo due volte per permettere al vapore di fuoriuscire. Cuocete a Pieno per 25 minuti, girando il piatto quattro volte. Capovolgere i polli in modo che ora siano con il petto rivolto verso l'alto. Sbattere delicatamente la zuppa con lo sherry e gli eventuali succhi di cottura del pollo. Unire l'aglio. Versare nuovamente sui polli. Coprite come prima e cuocete a Pieno per 15 minuti, girando il piatto tre volte. Lasciar riposare per 5 minuti. Trasferire i polli su piatti da portata riscaldati e ricoprire con la salsa. Spolverizzate con le mandorle e servite con il riso e i broccoli.

Pollo Amandine Con Pomodoro E Basilico

Serve 4

Preparare come per il Pollo Amandine, ma sostituire la crema di pomodoro condensata ai funghi e il marsala allo sherry. Verso fine cottura aggiungete 6 foglie di basilico spezzettate.

Divano di pollo

Serve 4

Un'altra facile specialità nordamericana, tradizionalmente preparata con i broccoli.

1 testa di broccoli grande, cotta
25 g/1 oz/2 cucchiai di burro o margarina
45 ml/3 cucchiai di farina (per tutti gli usi).
150 ml/¼ pt/2/3 tazza di brodo di pollo caldo
150 ml/¼ pt/2/3 tazza di crema singola (leggera).
50 g/2 oz/½ tazza di formaggio Red Leicester, grattugiato
30 ml/2 cucchiai di vino bianco secco
5 ml/1 cucchiaino di senape dolce
225 g/8 oz/2 tazze di pollo cotto, tagliato a cubetti
Sale
Noce moscata
45 ml/3 cucchiai di parmigiano grattugiato
Paprica

Separare i broccoli in cimette e disporli sul fondo di una teglia di 25 cm/10 di diametro leggermente imburrata. In un piatto separato, scalda il burro o la margarina su Full per 45-60 secondi finché non sfrigola. Unire la farina e incorporare gradualmente il brodo caldo e la panna. Cuocere a fuoco pieno per 4-5 minuti fino a quando non sarà spumoso e denso, sbattendo ogni minuto. Unire il Red Leicester, il vino, la senape e il pollo. Aggiungere sale e noce moscata a piacere. Versare la salsa sui broccoli. Spolverizzate con parmigiano e paprika. Coprire con pellicola (involucro di plastica) e tagliarlo due volte per permettere al vapore di fuoriuscire. Riscaldare su Defrost per 8-10 minuti fino a quando non sarà ben caldo.

Pollo in salsa di panna con sedano

Serve 4

Preparare come per il Chicken Divan, ma sostituire i broccoli con 400 g di cuori di sedano, scolati. (Il liquido della lattina può essere riservato per altre ricette.)

Pollo in salsa di panna con patatine

Serve 4

Preparare come per il Chicken Divan, ma omettere il topping di formaggio e paprika. Cospargete invece con 1 bustina di patatine (patatine fritte), tritate grossolanamente.

Pollo alla Re

Serve 4

Un'altra importazione dagli Stati Uniti e un mezzo innovativo per utilizzare il pollo avanzato.

40 g/1½ oz/3 cucchiai di burro o margarina
40 g/1½ oz/1½ cucchiaio di farina (per tutti gli usi).
300 ml/½ pt/1¼ tazze di brodo di pollo caldo
60 ml/4 cucchiai di panna doppia (pesante).
1 pimiento rosso in scatola, tagliato a striscioline
200 g/7 oz/scarso 1 tazza di funghi affettati in scatola, scolati
Sale e pepe nero appena macinato
350 g/12 oz/2 tazze di pollo cotto, tagliato a dadini
15 ml/1 cucchiaio di sherry semisecco
Toast appena fatto, da servire

Mettere il burro o la margarina in una casseruola da 1,5 litri/2½ pt/6 tazze (forno olandese). Scaldare, senza coperchio, su Defrost per 1 minuto. Unire la farina, quindi incorporare gradualmente il brodo e la panna. Cuocere, senza coperchio, a fuoco Pieno per 5-6 minuti fino a quando non bolle e si addensa, sbattendo ogni minuto. Unire tutti gli altri ingredienti e mescolare bene. Coprire con un piatto e scaldare a fuoco Pieno per 3 minuti. Lasciar riposare per 3 minuti prima di servire sul pane tostato.

Turchia alla re

Serve 4

Preparare come per Chicken à la King (sopra), ma sostituire il pollo con il tacchino cotto.

Pollo à la King con formaggio

Serve 4

Preparare come per il Chicken à la King (sopra), ma dopo aver riscaldato per 3 minuti, coprire con 125 g di Red Leicester grattugiato. Riscaldare, senza coperchio, su Full per altri 1–1½ minuti fino a quando il formaggio si scioglie.

Frittelle di pollo à la King

Serve 4

Preparare come per il Pollo alla Re. Prima di servire, aprire 4 focaccine (biscotti) grandi al naturale o al formaggio e adagiare le basi su quattro piatti riscaldati. Coprite con il composto di pollo e coprite con i coperchi. Mangia caldo.

Brasato di fegato di pollo di Slimmers

Serve 4

Un piatto principale a basso contenuto di grassi e amido che può essere consumato con broccoli o cavolfiori al posto delle patate.

15 ml/1 cucchiaio di olio d'oliva o di girasole
1 peperone rosso (campana), privato dei semi e affettato sottilmente
1 carota grande, affettata sottilmente
1 cipolla grande, affettata sottilmente
2 gambi di sedano grandi, tagliati in diagonale a fettine sottili
450 g di fegatini di pollo, tagliati a bocconcini
10 ml/2 cucchiaini di farina di mais (amido di mais)
4 pomodori grandi, sbollentati, spellati e tritati grossolanamente
Sale e pepe nero appena macinato

Mettere l'olio in una casseruola da 1,75 litri/3 pt/7½ tazze (forno olandese). Unire le verdure preparate e cuocere, senza coperchio, a fuoco Pieno per 5 minuti, mescolando due volte. Unire il fegato alle verdure e cuocere, senza coperchio, a fuoco Pieno per 3 minuti, mescolando una volta. Unire la maizena, i pomodori e il condimento a piacere. Coprire con pellicola (involucro di plastica) e tagliarlo due volte per permettere al vapore di fuoriuscire. Cuocere a Pieno per 6 minuti, girando una volta.

Brasato di fegato di tacchino di Slimmers

Serve 4

Preparare come per il brasato di fegato di pollo di Slimmers, ma sostituire i fegatini di tacchino con i fegatini di pollo.

Tetrazzini di pollo

Serve 4

175 g/6 oz/1½ tazza di maccheroni corti
300 ml/10 fl oz/1 lattina di crema condensata di pollo o zuppa di funghi
150 ml/¼ pt/2/3 tazza di latte
225 g di funghi, affettati
350 g/12 oz/2 tazze di pollo cotto a freddo, tagliato a dadini
15 ml/1 cucchiaio di succo di limone
50 g/2 oz/¾ tazza di mandorle a scaglie (a scaglie).
1,5 ml/¼ cucchiaino di noce moscata macinata
75 g di formaggio Cheddar, grattugiato finemente

Cuocere i maccheroni come indicato sulla confezione. Drenare. Versare la zuppa in una teglia imburrata da 1,75 litri/3 pt/7½ tazze. Sbattere nel latte. Riscaldare, senza coperchio, su Full per 5-6 minuti fino a quando non sarà caldo e leggermente gorgogliante. Unire i maccheroni e tutti gli altri ingredienti tranne il formaggio. Coprire con pellicola (involucro di plastica) e tagliarlo due volte per permettere al vapore di fuoriuscire. Cuocete a Pieno per 12 minuti, girando il piatto tre volte. Scoprire e cospargere con il formaggio. Rosolare convenzionalmente sotto una griglia calda (broiler).

Casseruola a strati di pollo e verdure miste

Serve 4

4 grandi patate cotte, tagliate a fettine sottili
3 carote cotte, affettate sottilmente
125 g/4 oz/1 tazza di piselli cotti
125 g/4 oz/1 tazza di mais dolce cotto
4 porzioni di pollo, 225 g/8 oz ciascuna, senza pelle
300 ml/10 fl oz/1 lattina di crema di sedano condensata o altro sapore a piacere
45 ml/3 cucchiai di sherry semisecco
30 ml/2 cucchiai di crema singola (leggera).
1,5 ml/¼ cucchiaino di noce moscata grattugiata
75 g di cornflakes, tritati grossolanamente

Ricoprire la base di una teglia imburrata profonda 25 cm/10 di diametro con le fette di patate e carote. Cospargere con i piselli e il mais dolce e guarnire con il pollo. Coprire con pellicola (involucro di plastica) e tagliarlo due volte per permettere al vapore di fuoriuscire. Cuocete a Pieno per 8 minuti, girando il piatto quattro volte. Sbattere la zuppa con tutti gli altri ingredienti tranne i cornflakes. Cucchiaio sopra il pollo. Coprite come prima e cuocete a Pieno per 11 minuti, rigirando due volte il piatto. Lasciar riposare per 5 minuti. Scoprire e cospargere con i cornflakes prima di servire.

Pollo al miele su riso

Serve 4

25 g/1 oz/2 cucchiai di burro o margarina

1 cipolla grande, tritata

6 fette di pancetta striate (fette), tritate

75 g/3 oz/1/3 tazza di riso a grani lunghi facile da cuocere

300 ml/½ pt/1¼ tazze di brodo di pollo caldo

Pepe nero appena macinato

4 petti di pollo disossati, 175 g ciascuno

Buccia e succo di 1 arancia grattugiati finemente

30 ml/2 cucchiai di miele chiaro scuro

5 ml/1 cucchiaino di paprika

5 ml/1 cucchiaino di salsa Worcestershire

Mettere il burro o la margarina in una teglia profonda 20 cm/8 di diametro. Scaldare, scoperto, su Pieno per 1 minuto. Unire la cipolla, la pancetta, il riso, il brodo e il pepe a piacere. Disporre il pollo ad anello sopra. Sbattere insieme la buccia d'arancia e il succo, il miele, la paprika e la salsa Worcestershire. Versare metà del pollo. Coprire con pellicola (involucro di plastica) e tagliarlo due volte per permettere al vapore di fuoriuscire. Cuocete a Pieno per 9 minuti, girando il piatto tre volte. Scoprire. Spennellate il pollo con la restante miscela di miele. Cuocere, senza coperchio, a fuoco pieno per 5 minuti. Lasciar riposare per 3 minuti prima di servire.

Pollo in salsa di rum bianco con lime

Serve 4

25 g/1 oz/2 cucchiai di burro o margarina
10 ml/2 cucchiaini di olio di mais o di girasole
1 porro, affettato molto sottile
1 spicchio d'aglio, schiacciato
75 g/3 oz/¾ tazza di prosciutto magro, tritato
675 g/1½ libbra di petto di pollo disossato, tagliato a bocconcini
3 pomodori, sbollentati, spellati e tritati grossolanamente
30 ml/2 cucchiai di rum bianco
5 cm/2 in strisce di scorza di lime
Succo di 1 arancia dolce
Sale
150 ml/¼ pt/2/3 tazze di yogurt bianco
Crescione (facoltativo)

Mettere il burro o la margarina e l'olio in una casseruola da 23 cm/9 di diametro (forno olandese). Scaldare, scoperto, su Pieno per 1 minuto. Unire il porro, l'aglio e il prosciutto. Cuocere, senza coperchio, a fuoco pieno per 4 minuti, mescolando due volte. Unire il pollo. Coprite con un piatto e cuocete a Pieno per 7 minuti, girando il piatto due volte. Aggiungere tutti gli altri ingredienti tranne lo yogurt e il crescione, se utilizzato. Coprire con pellicola (involucro di plastica) e tagliarlo due volte per permettere al vapore di fuoriuscire. Cuocete a Pieno per 8 minuti, girando il piatto quattro volte. Scoprire. Unire lo yogurt con un po' del liquido della teglia fino a ottenere un composto liscio e cremoso, quindi versare sul pollo. Riscaldare, senza coperchio, su Full per 1 minuto e mezzo. Scartare la scorza di lime. Servire guarnendo con crescione, se gradito.

Pollo in salsa di brandy con arancia

Serve 4

Preparare come per il pollo in salsa di rum bianco con lime, ma sostituire il brandy con il rum e la scorza d'arancia per il lime. Usa 60 ml/4 cucchiai di ginger ale invece del succo d'arancia.

Cosce in Salsa Barbecue con Pasta Baby

Serve 4

Cosce di pollo da 900 g
2 cipolle, tritate
2 gambi di sedano, tritati
30 ml/2 cucchiai di senape integrale
2,5 ml/½ cucchiaino di paprika
5 ml/1 cucchiaino di salsa Worcestershire
400 g/14 oz/1 barattolo grande di pomodori tritati nel succo di pomodoro
125 g/4 oz/1 tazza di pasta piccola
7,5 ml/1½ cucchiaino di sale

Disporre le cosce, come i raggi di una ruota, in una teglia profonda 25 cm/10 di diametro, con le estremità ossee verso il centro. Coprire con pellicola (involucro di plastica) e tagliarlo due volte per permettere al vapore di fuoriuscire. Cuocete a Pieno per 8 minuti, girando il piatto tre volte. Nel frattempo mettete le verdure in una ciotola e unite gli altri ingredienti. Togliere il piatto di pollo dal microonde, scoprire e versare i succhi di cottura del pollo nel composto di verdure. Mescolare bene. Cucchiaio sopra le bacchette. Coprite come prima e cuocete a Pieno per 15 minuti, girando il piatto tre volte. Lasciar riposare per 5 minuti prima di servire.

Pollo in salsa di talpa messicana

Serve 4

4 petti di pollo disossati, 175 g/6 oz ciascuno, spellati
30 ml/2 cucchiai di olio di mais
1 cipolla grande, tritata finemente
1 peperone verde (campana), privato dei semi e tritato
1 spicchio d'aglio, schiacciato
30 ml/2 cucchiai di farina (per tutti gli usi).
3 chiodi di garofano interi
1 foglia di alloro
2,5 ml/½ cucchiaino di cannella in polvere
5 ml/1 cucchiaino di sale
150 ml/¼ pt/2/3 tazza di succo di pomodoro
50 g/2 oz/½ tazza di cioccolato fondente (semidolce), spezzettato
175 g/6 oz/¾ tazza di riso a grani lunghi, bollito
15 ml/1 cucchiaio di burro all'aglio

Disporre il pollo attorno al bordo di una teglia profonda 20 cm/8 di diametro. Coprire con pellicola (involucro di plastica) e tagliarlo due volte per permettere al vapore di fuoriuscire. Cuocere a Pieno per 6 minuti. Lasciar riposare mentre si prepara la salsa. In un piatto a parte, scaldare l'olio, senza coperchio, a fuoco Pieno per 1 minuto. Unire la cipolla, il peperone verde e l'aglio. Cuocete, senza coperchio, a fuoco Pieno per 3 minuti, mescolando due volte. Unire la farina, poi i chiodi di garofano, l'alloro, la cannella, il sale e il succo di pomodoro. Cuocete, senza coperchio, a fuoco Pieno per 4 minuti, mescolando ogni minuto. Togliere dal microonde. Unite il cioccolato e mescolate bene. Cuocere, senza coperchio, a fuoco Pieno per 30 secondi. Scoprite il pollo e ricopritelo con la salsa piccante. Coprite come prima e cuocete a Pieno per 8 minuti. Lasciar riposare per 5 minuti. Servire con il riso, infornato con il burro all'aglio.

Alette di pollo in salsa barbecue con pasta per bambini

Serve 4

Preparare come per le Cosce in Salsa Barbecue con Pasta Baby, ma sostituire le ali di pollo per le cosce.

Jambalaya di pollo

Serve 3–4

Hotfoot dalla Louisiana è un piatto di riso e pollo sbalorditivo, un parente della paella.

2 petti di pollo disossati
50 g di burro o margarina
2 cipolle grandi, tritate
1 peperone rosso (campana), privato dei semi e tritato
4 gambi di sedano, tritati
2 spicchi d'aglio, schiacciati
225 g/8 oz/1 tazza di riso a grana lunga facile da cuocere
400 g/14 oz/1 barattolo grande di pomodori tritati nel succo di pomodoro
10–15 ml/2–3 cucchiaini di sale

Disporre il pollo attorno al bordo di una teglia profonda 25 cm/10 di diametro. Coprire con pellicola (involucro di plastica) e tagliarlo due volte per permettere al vapore di fuoriuscire. Cuocere a Pieno per 7 minuti. Lasciar riposare per 2 minuti. Trasferite il pollo su un tagliere e tagliatelo a cubetti. Versare il fondo di cottura del pollo in una caraffa e mettere da parte. Lavate e asciugate la pirofila, aggiungete il burro e fate sciogliere, senza coperchio, a fuoco Pieno per 1 minuto e mezzo. Unire il liquido messo da parte, il pollo, le verdure preparate, l'aglio, il riso ei pomodori. Condire a piacere con il sale. Coprire come prima e cuocere a fuoco Pieno per 20-25 minuti fino a quando i chicchi di riso non saranno asciutti e avranno assorbito tutta l'umidità. Lasciar riposare per 5 minuti, sgranare con una forchetta e servire subito.

Jambalaya di Turchia

Serve 3–4

Preparare come per il pollo Jambalaya, ma sostituire il petto di tacchino con il pollo.

Pollo Con Castagne

Serve 4

25 g/1 oz/2 cucchiai di burro o margarina
2 cipolle grandi, sbucciate e grattugiate
430 g/15 oz/1 barattolo grande di purea di castagne non zuccherata
2,5 ml/½ cucchiaino di sale
4 petti di pollo spellati e disossati, 175 g ciascuno
3 pomodori, sbollentati, spellati e affettati
30 ml/2 cucchiai di prezzemolo tritato
Cavolo rosso e patate lesse, per servire

Mettere il burro o la margarina in una teglia profonda 20 cm/8 di diametro. Sciogliere, senza coperchio, su Scongelare per 1½ minuti. Unire le cipolle. Cuocere, senza coperchio, a fuoco pieno per 4 minuti. Versare la purea di castagne e salare e mescolare bene, amalgamando bene con le cipolle. Stendere in uno strato uniforme sul fondo della teglia e adagiare sopra i petti di pollo lungo il bordo della teglia. Ricoprite con le fette di pomodoro e spolverizzate con il prezzemolo. Coprire con pellicola (involucro di plastica) e tagliarlo due volte per permettere al vapore di fuoriuscire. Cuocete a Pieno per 15 minuti, girando il piatto tre volte. Lasciar riposare per 4 minuti. Servire con cavolo rosso e patate.

Gumbo di pollo

Serve 6

Un incrocio tra una zuppa e uno stufato, il Gumbo è il comfort del sud e una delle migliori esportazioni della Louisiana. La sua base è l'okra (dita da donna) e un roux marrone, con l'aggiunta di verdure, spezie, brodo e pollo.

50 g/2 once/¼ di tazza di burro
50 g di farina normale (per tutti gli usi).
900 ml/1½ pt/3¾ tazze di brodo di pollo caldo
350 g/12 oz di gombo (dita da donna), con la punta e la coda
2 cipolle grandi, tritate finemente
2 spicchi d'aglio, schiacciati
2 gambi di sedano grandi, tagliati a fettine sottili
1 peperone verde (campana), privato dei semi e tritato
15–20 ml/3–4 cucchiaini di sale
10 ml/2 cucchiaini di coriandolo macinato (coriandolo)
5 ml/1 cucchiaino di curcuma
5–10 ml/1–2 cucchiaini di pimento macinato
30 ml/2 cucchiai di succo di limone
2 foglie di alloro
5–10 ml/1–2 cucchiaini di salsa al peperoncino
450 g di pollo cotto, tritato
175 g/6 oz/¾ tazze di riso a grani lunghi, bollito

Mettere il burro in una casseruola da 2,5 litri/4½ pt/11 tazze (forno olandese). Scaldare, scoperto, su Full per 2 minuti. Unire la farina. Cuocere, senza coperchio, a fuoco Pieno per 7 minuti, mescolando ogni minuto, fino a quando il composto non sarà un roux marrone chiaro, del colore di un biscotto ben cotto (biscotto). Amalgamare gradualmente il brodo caldo. Tagliate ogni gombo in otto pezzi e aggiungeteli alla casseruola con tutti gli altri ingredienti tranne il pollo e il riso. Coprire con pellicola (involucro di plastica) e tagliarlo due volte per permettere al vapore di fuoriuscire. Cuocere a Pieno per 15 minuti. Unire il pollo. Coprite come prima e cuocete a Pieno per 15 minuti. Lasciar riposare per 5 minuti. Mescolare e versare nelle zuppiere. Aggiungi un mucchio di riso a ciascuno.

Gumbo di tacchino

Serve 6

Preparare come per il Chicken Gumbo, ma sostituire il pollo cotto con il tacchino.

Petti di pollo con crema di arancia marrone

Serve 4

60 ml/4 cucchiai di marmellata di arance (conserva) o marmellata fine
15 ml/1 cucchiaio di aceto di malto
15 ml/1 cucchiaio di salsa di soia
1 spicchio d'aglio, schiacciato
2,5 ml/½ cucchiaino di zenzero macinato
7,5 ml/1½ cucchiaino di farina di mais (amido di mais)
4 petti di pollo disossati, 200 g ciascuno, spellati
Tagliatelle cinesi, bollite

Unisci tutti gli ingredienti tranne il pollo e le tagliatelle in un piattino. Riscalda, scoperto, su Pieno per 50 secondi. Disporre i petti di pollo attorno al bordo di una teglia profonda 20 cm/8 di diametro. Versare metà dell'impasto. Coprite con un piatto e cuocete a Pieno per 8 minuti, girando il piatto due volte. Capovolgere i petti e spennellare con l'impasto rimanente. Coprite come prima e cuocete a Pieno per altri 8 minuti. Lasciare riposare per 4 minuti, quindi servire con spaghetti cinesi.

Pollo in salsa cremosa di peperoni

Serve 6

25 g/1 oz/2 cucchiai di burro o margarina
1 cipolla piccola, tritata finemente
4 petti di pollo disossati
15 ml/1 cucchiaio di farina di mais (amido di mais)
30 ml/2 cucchiai di acqua fredda
15 ml/1 cucchiaio di passata di pomodoro (pasta)
20–30 ml/4–6 cucchiaini di pepe verde del Madagascar in bottiglia o in scatola
150 ml/¼ pt/2/3 tazza di panna acida (agrodolce).
5 ml/1 cucchiaino di sale
275 g/10 oz/1¼ tazza di riso a grani lunghi, bollito

Mettere il burro o la margarina in una teglia profonda 20 cm/8 di diametro. Sciogli, scoperto, su Pieno per 45–60 secondi. Aggiungi la cipolla. Cuocere, senza coperchio, a fuoco pieno per 2 minuti. Tagliare i petti di pollo trasversalmente alla grana in 2,5 cm/1 a strisce larghe. Amalgamare bene il burro e le cipolle. Coprire con pellicola (involucro di plastica) e tagliarlo due volte per permettere al vapore di fuoriuscire. Cuocete a Pieno per 6 minuti, girando il piatto tre volte. Nel frattempo, mescolate bene l'amido di mais con l'acqua fredda. Unire tutti gli altri ingredienti tranne il riso. Unire il pollo e la cipolla, spostando il composto ai bordi del piatto e lasciando un piccolo incavo al centro. Coprite come prima e cuocete a Pieno per 8 minuti, girando il piatto quattro volte. Lasciar riposare per 4 minuti. Mescolare prima di servire con il riso.

Tacchino in salsa cremosa di peperoni

Serve 6

Preparare come per il pollo in salsa cremosa di peperoni, ma sostituire il petto di tacchino con il pollo.

Pollo dei boschi

Serve 4

4 quarti di pollo senza pelle, 225 g ciascuno
30 ml/2 cucchiai di olio di mais o di girasole
175 g di fette di pancetta striate (fette), tritate
1 cipolla, tritata
175 g di funghi champignon, affettati
300 ml/½ pt/1¼ tazze di pomodori passati al setaccio (passata)
15 ml/1 cucchiaio di aceto marrone
15 ml/1 cucchiaio di succo di limone
30 ml/2 cucchiai di zucchero di canna morbido chiaro
5 ml/1 cucchiaino di senape preparata
30 ml/2 cucchiai di salsa Worcestershire
Foglie di coriandolo (coriandolo) tritate, per guarnire

Disporre il pollo attorno al bordo di una casseruola da 25 cm/10 di diametro (forno olandese). Coprire con pellicola (involucro di plastica) e tagliarlo due volte per permettere al vapore di fuoriuscire. Versare l'olio in un piatto a parte e scaldare, senza coperchio, su Full per 1 minuto. Aggiungere la pancetta, la cipolla e i funghi. Cuocere, senza coperchio, a fuoco pieno per 5 minuti. Unire tutti gli altri ingredienti. Cuocere il pollo coperto su Full per 9 minuti, rigirando il piatto due volte. Scoprire e ricoprire con il composto di verdure. Coprite come prima e cuocete a Pieno per 10 minuti, girando il piatto tre volte.

Lasciar riposare per 5 minuti. Cospargete di coriandolo prima di servire.

Pollo Con Mele E Uvetta

Serve 4

25 g/1 oz/2 cucchiai di burro o margarina
900 g/2 libbre di arrosto di pollo
2 cipolle, tritate
3 mele Cox, sbucciate e tritate
30 ml/2 cucchiai di uvetta
1 spicchio d'aglio, tritato
30 ml/2 cucchiai di farina (per tutti gli usi).
250 ml/8 fl oz/1 tazza di shandy
2 cubetti di brodo di manzo
2,5 ml/½ cucchiaino di timo essiccato
Sale e pepe nero appena macinato
30 ml/2 cucchiai di prezzemolo tritato

Mettere il burro o la margarina in una casseruola da 25 cm/10 di diametro (forno olandese). Sciogliere, senza coperchio, su Scongelare per 1–1½ minuti. Aggiungi il pollo. Coprire con pellicola (involucro di plastica) e tagliarlo due volte per permettere al vapore di fuoriuscire. Cuocere a Pieno per 8 minuti. Scoprire e girare il pollo. Coprite come prima e cuocete a Pieno per altri 7 minuti. Scoprire e cospargere con le cipolle, le mele, l'uvetta e l'aglio. Amalgamare bene la farina con un po' di shandy, quindi incorporare il restante shandy. Sbriciolare i cubetti di sugo, aggiungere il timo e condire a piacere. Versare sopra il pollo. Coprite come prima e cuocete a Pieno per 8 minuti fino a quando il liquido bolle e si sarà leggermente addensato. Lasciar riposare per 5 minuti. Scoprire e cospargere con il prezzemolo.

Pollo Con Pere E Uvetta

Serve 4

Preparare come per il pollo con mele e uvetta, ma sostituire le pere con le mele e il sidro con lo shandy.

Pollo Al Pompelmo

Serve 4

2 gambi di sedano
30 ml/2 cucchiai di burro o margarina
1 cipolla grande, grattugiata finemente
4 arrosti di pollo grandi, 1 kg/2¼ lb in tutto, spellati
Farina normale (per tutti gli usi).
1 pompelmo rosa grande
150 ml/¼ pt/2/3 tazza di vino bianco o rosato
30 ml/2 cucchiai di passata di pomodoro (pasta)
1,5 ml/¼ cucchiaino di rosmarino essiccato
5 ml/1 cucchiaino di sale

Tagliate il sedano a striscioline sottili. Mettere il burro o la margarina in una teglia profonda 25 cm/10 di diametro. Sciogli, scoperto, su Pieno per 30 secondi. Unire la cipolla e il sedano. Cuocere, senza coperchio, a fuoco pieno per 6 minuti. Spolverate leggermente il pollo con la farina, quindi disponetelo lungo il bordo della teglia. Coprire con pellicola (involucro di plastica) e tagliarlo due volte per permettere al vapore di fuoriuscire. Cuocete a Pieno per 10 minuti, girando il piatto tre volte. Nel frattempo mondate il pompelmo e dividetelo a spicchi tagliandolo tra le membrane. Scoprire il pollo e cospargere gli spicchi di pompelmo. Sbattere il vino con la passata di pomodoro, il rosmarino e il sale e versare sul pollo. Coprite come prima e cuocete a Pieno per 10 minuti. Lasciar riposare per 5 minuti prima di servire.

Pollo ungherese e verdure miste

Serve 4

25 g/1 oz/2 cucchiai di burro o strutto
2 cipolle grandi, tritate
1 piccolo peperone verde (campana).
3 zucchine piccole (zucchine), affettate sottilmente
450 g di petto di pollo disossato, tagliato a cubetti
15 ml/1 cucchiaio di paprika
45 ml/3 cucchiai di passata di pomodoro (pasta)
150 ml/¼ pt/2/3 tazza di panna acida (agrodolce).
5–7,5 ml/1–1½ cucchiaino di sale

Mettere il burro o lo strutto in una casseruola da 25 cm/10 di diametro (forno olandese). Scaldare, senza coperchio, su Defrost per 1–1½ minuti. Unire le cipolle. Cuocere, senza coperchio, a fuoco pieno per 3 minuti. Unire il peperone verde, le zucchine, il pollo, la paprika e la passata di pomodoro. Coprire con pellicola (involucro di plastica) e tagliarlo due volte per permettere al vapore di fuoriuscire. Cuocete a Pieno per 5 minuti, girando il piatto tre volte. Scoprire. A poco a poco lavorare la panna acida e il sale. Coprite come prima e cuocete a Pieno per 8 minuti. Lasciar riposare per 5 minuti, poi girare e servire.

Pollo alla Bourguignonne

Serve 6

Un secondo piatto gourmet, più tradizionalmente preparato con carne di manzo ma più leggero con pollo.

25 g/1 oz/2 cucchiai di burro o margarina
2 cipolle, tritate
1 spicchio d'aglio, schiacciato
750 g di petto di pollo a cubetti
30 ml/2 cucchiai di farina di mais (amido di mais)
5 ml/1 cucchiaino di senape continentale
2,5 ml/½ cucchiaino di erbe aromatiche miste essiccate
300 ml/½ pt/1¼ tazze di vino bordeaux
225 g di funghi, affettati sottilmente
5–7,5 ml/1–1½ cucchiaino di sale
45 ml/3 cucchiai di prezzemolo tritato

Mettere il burro o la margarina in una casseruola da 25 cm/10 di diametro (forno olandese). Sciogliere, senza coperchio, su Scongelare per 1½ minuti. Unire le cipolle e l'aglio. Coprite con un piatto e cuocete a Pieno per 3 minuti. Scoprire e unire il pollo. Coprire con pellicola (involucro di plastica) e tagliarlo due volte per permettere al vapore di fuoriuscire. Cuocere a Pieno per 8 minuti. Mescolare l'amido di mais e la senape con un po' di bordeaux, quindi aggiungere il resto. Versare sopra il pollo. Cospargete con i funghi e il sale. Coprire come prima e cuocere a fuoco Pieno per 8–9 minuti, girando il piatto quattro volte, fino a quando la salsa non si sarà addensata e inizierà a bollire. Lasciar riposare per 5 minuti, quindi girare e spolverizzare con il prezzemolo prima di servire.

Fricassea di pollo

Serve 6

Un revival di un secondo piatto di pollo per occasioni speciali degli anni Venti e Trenta, sempre consumato con riso in bianco soffice con burro e involtini di pancetta grigliata (alla griglia). Ha bisogno di un grande forno a microonde.

1,5 kg/3 libbre di arrosto di pollo, senza pelle
1 cipolla, tagliata in 8 spicchi
2 gambi di sedano grandi, tagliati a fettine sottili
1 carota piccola, affettata sottilmente
2 fette spesse di limone
1 piccola foglia di alloro
2 chiodi di garofano interi
Rametti di prezzemolo
10 ml/2 cucchiaini di sale
300 ml/½ pt/1¼ tazze di acqua calda
150 ml/¼ pt/2/3 tazza di crema singola (leggera).
40 g/1½ oz/3 cucchiai di burro o margarina
40 g/1½ oz/1½ cucchiaio di farina (per tutti gli usi).
Succo di 1 limone piccolo
Sale e pepe nero appena macinato

Disporre il pollo in una casseruola da 30 cm/12 di diametro (forno olandese). Aggiungere nel piatto la cipolla, il sedano e la carota con le fette di limone, l'alloro, i chiodi di garofano e 1 rametto di prezzemolo. Cospargete di sale e aggiungete l'acqua. Coprire con pellicola (involucro di plastica) e tagliarlo due volte per permettere al vapore di fuoriuscire. Cuocete a Pieno per 24 minuti, girando il piatto tre volte. Tira fuori il pollo. Togliere la carne dalle ossa e tagliarla a bocconcini. Filtrare il liquido dal piatto e conservare 300 ml/½ pt/1¼ tazze. Unire la panna. Mettere il burro in un piatto fondo capiente. Sciogliere, scoperto, su Full per 1 minuto e mezzo. Unire la farina, quindi incorporare gradualmente il brodo caldo e il composto di panna. Cuocete, senza coperchio, a fuoco Pieno per 5–6 minuti, sbattendo ogni minuto, fino a quando non si sarà addensata e bollita. Aggiungere il succo di limone, unire il pollo e condire a piacere. Coprire come prima e scaldare a fuoco Pieno per 5 minuti, rigirando due volte il piatto. Lasciar riposare per 4 minuti prima di guarnire con rametti di prezzemolo e servire.

Fricassée di pollo al vino

Serve 6

Preparare come per la Fricassée di pollo, ma utilizzare solo 150 ml/¼ pt/2/3 tazza di brodo riservato e aggiungere 150 ml/¼ pt/2/3 tazza di vino bianco secco.

Suprema di pollo

Serve 6

Preparare come per la Fricassée di Pollo. Dopo aver riscaldato per 5 minuti alla fine e poi in piedi, sbattere 2 tuorli d'uovo mescolati con altri 15 ml/1 cucchiaio di panna. Il calore del composto farà cuocere i tuorli.

Coq au Vin

Serve 6

50 g di burro o margarina
1,5 kg/3 libbre di arrosto di pollo, senza pelle
1 cipolla grande, tritata finemente
1 spicchio d'aglio, schiacciato
30 ml/2 cucchiai di farina (per tutti gli usi).
300 ml/½ pt/1¼ tazze di vino rosso secco
1 dado di manzo
5 ml/1 cucchiaino di sale
12 scalogni o cipolle sottaceto
60 ml/4 cucchiai di prezzemolo tritato
1,5 ml/¼ cucchiaino di timo essiccato
Patate lesse e cavolini di Bruxelles, per servire

Mettere il burro o la margarina in una casseruola da 30 cm/12 di diametro (forno olandese). Scaldare, scoperto, su Pieno per 1 minuto. Aggiungere i pezzi di pollo e girarli una volta in modo che tutti i pezzi siano ricoperti di burro ma mantengano in un unico strato. Coprire con pellicola (involucro di plastica) e tagliarlo due volte per permettere al vapore di fuoriuscire. Cuocete a Pieno per 15 minuti, girando il piatto tre volte. Scoprire e cospargere il pollo con la cipolla e l'aglio. Amalgamare gradualmente la farina con il vino, sbattendo, se necessario, per eliminare i grumi. Sbriciolare nel dado da brodo e aggiungere il sale. Versare la miscela di vino sul pollo. Circondare con lo scalogno o la cipolla e cospargere con il prezzemolo e il timo. Coprite come prima e cuocete a Pieno per 20 minuti, girando il piatto tre volte. Lasciar riposare per 6 minuti. Da mangiare con patate lesse e cavolini di Bruxelles.

Coq au Vin con funghi

Serve 6

Preparare come per il Coq au Vin, ma sostituire gli scalogni o le cipolle sottaceto con 125 g di funghi champignon.

Coq alla Cola

Serve 6

Preparare come per il Coq au Vin, ma sostituire la cola al vino per rendere il piatto più adatto ai bambini.

Bacchette con rivestimento alla diavola

Serve 4

15 ml/1 cucchiaio di senape inglese in polvere
10 ml/2 cucchiaini di curry caldo
10 ml/2 cucchiaini di paprika
1,5 ml/¼ cucchiaino di peperoncino di Cayenna piccante
2,5 ml/½ cucchiaino di sale
1 kg di cosce di pollo (circa 12)
45 ml/3 cucchiai di burro all'aglio

Mescolare insieme la senape, il curry in polvere, la paprika, il pepe di Caienna e il sale. Utilizzare per ricoprire tutti i lati delle bacchette. Disporre in una teglia profonda 25 cm/10 di diametro come i raggi di una ruota, con le estremità ossee verso il centro. Sciogliere il burro, scoperto, su Full per 1 minuto. Ricoprire le cosce con il burro fuso. Coprire con pellicola (involucro di plastica) e tagliarlo due volte per permettere al vapore di fuoriuscire. Cuocete a Pieno per 16 minuti, girando il piatto due volte.

pollo alla cacciatora

Serve 6

Un piatto italiano, che si traduce in 'pollo del cacciatore'.

1,5 kg di pezzi di pollo
15 ml/1 cucchiaio di olio d'oliva
1 cipolla grande, tritata finemente
1 spicchio d'aglio, schiacciato
30 ml/2 cucchiai di farina (per tutti gli usi).
5 pomodori, sbollentati, spellati e tritati
150 ml/¼ pt/2/3 tazza di brodo caldo
45 ml/3 cucchiai di passata di pomodoro (pasta)
15 ml/1 cucchiaio di salsa da tavola marrone
125 g di funghi, affettati
10 ml/2 cucchiaini di sale
10 ml/2 cucchiaini di zucchero di canna morbido scuro
45 ml/3 cucchiai di marsala o sherry semisecco
Crema di patate e insalata mista, per servire

Mettere il pollo in una casseruola da 30 cm/12 di diametro (forno olandese). Coprire con pellicola (involucro di plastica) e tagliarlo due volte per permettere al vapore di fuoriuscire. Cuocete a Pieno per 15 minuti, girando il piatto due volte. Nel frattempo preparate la salsa in modo convenzionale. Versare l'olio in una casseruola e aggiungere la cipolla e l'aglio. Friggere (soffrire) delicatamente fino a quando non saranno leggermente dorati. Incorporate la farina, quindi aggiungete i pomodori, il brodo, la purea e la salsa marrone. Cuocere, mescolando, fino a quando la salsa non raggiunge il bollore e si addensa. Unire tutti gli altri ingredienti e versare sul pollo. Coprite come prima e cuocete a Pieno per 20 minuti, girando il piatto tre volte. Lasciar riposare per 5 minuti. Servire con crema di patate e insalata mista.

Pollo alla cacciatora

Serve 6

Preparare come per il pollo alla cacciatora, ma sostituire il marsala o lo sherry con il vino bianco secco.

pollo alla Marengo

Serve 6

Inventato intorno al 1800 dal cuoco personale di Napoleone Bonaparte sui campi di battaglia dopo la sconfitta austriaca nella battaglia di Marengo, vicino a Verona nel nord Italia.

Preparare come per il pollo alla cacciatora, ma utilizzare solo 50 g di funghi e sostituire il marsala o lo sherry con il vino bianco secco. Quando si mescolano tutti gli altri ingredienti, aggiungere 12-16 olive nere denocciolate (snocciolate) e 60 ml/4 cucchiai di prezzemolo tritato.

Pollo al sesamo

Serve 4

50 g di burro o margarina, ammorbidito
15 ml/1 cucchiaio di senape delicata
5 ml/1 cucchiaino di purea d'aglio (pasta)
5 ml/1 cucchiaino di passata di pomodoro (pasta)
90 ml/6 cucchiai di semi di sesamo, leggermente tostati
4 porzioni di pollo, ciascuna da 225 g/8 oz, senza pelle

Montare a crema il burro o la margarina con la senape e la passata di aglio e pomodoro. Unire i semi di sesamo. Distribuire il composto uniformemente sul pollo. Disporre in una teglia profonda 25 cm/10 di diametro, lasciando un incavo al centro. Cuocete a Pieno per 16 minuti, girando il piatto quattro volte. Lasciar riposare per 5 minuti prima di servire.

Capitano di campagna

Serve 6

Un pollo al curry dolce dell'India orientale, portato negli stati meridionali del Nord America molto tempo fa da un capitano di mare molto viaggiato. È diventato una specie di stand-by orientale negli Stati Uniti.

50 g di burro o margarina
2 cipolle, tritate
1 gambo di sedano, tritato
1,5 kg/3 libbre di arrosto di pollo, senza pelle
15 ml/1 cucchiaio di farina (per tutti gli usi).
15 ml/1 cucchiaio di curry in polvere delicato
60 ml/4 cucchiai di mandorle, sbollentate, spellate, tagliate a metà e leggermente tostate

1 piccolo peperone verde (campana), privato dei semi e tritato
finemente
45 ml/3 cucchiai di uva sultanina (uvetta dorata)
10 ml/2 cucchiaini di sale
400 g/14 oz/1 barattolo grande di pomodori tagliati a pezzetti
5 ml/1 cucchiaino di zucchero
275 g/10 oz/1¼ tazze di riso a grani lunghi, bollito

Mettere il burro o la margarina in una casseruola da 30 cm/12 di diametro (forno olandese). Scaldare, senza coperchio, a fuoco Pieno per 1 minuto e mezzo. Aggiungere le cipolle e il sedano e mescolare bene. Cuocete, senza coperchio, a fuoco Pieno per 3 minuti, mescolando due volte. Aggiungere gli arrosti di pollo e saltare nel composto di burro e verdure fino a quando non saranno ben ricoperti. Spolverizzate con la farina, il curry in polvere, le mandorle, il pepe e l'uva sultanina. Coprire con pellicola (involucro di plastica) e tagliarlo due volte per permettere al vapore di fuoriuscire. Cuocere a Pieno per 8 minuti. Unire il sale con i pomodori e lo zucchero. Scoprite il pollo e versatevi sopra i pomodori. Coprite come prima e cuocete a Pieno per 21 minuti, girando due volte la casseruola. Lasciar riposare per 5 minuti prima di servire con il riso.

Pollo in salsa di pomodoro e capperi

Serve 6

6 arrosti di pollo, 225 g/8 oz ciascuno, spellati
Farina normale (per tutti gli usi).
50 g di burro o margarina
3 fette di pancetta (fette), tritate
2 cipolle grandi, tritate
2 spicchi d'aglio, schiacciati
15 ml/1 cucchiaio di capperi, tritati
400 g/14 oz/1 barattolo grande di pomodori tagliati a pezzetti
15 ml/1 cucchiaio di zucchero di canna morbido scuro
5 ml/1 cucchiaino di erbe miste essiccate

15 ml/1 cucchiaio di passata di pomodoro (pasta)
15 ml/1 cucchiaio di foglie di basilico tritate
15 ml/1 cucchiaio di prezzemolo tritato

Spolverate di farina gli arrosti di pollo. Mettere il burro o la margarina in una casseruola da 30 cm/12 di diametro (forno olandese). Scaldare, scoperto, su Full per 2 minuti. Unire la pancetta, le cipolle, i chiodi di garofano e i capperi. Cuocere, senza coperchio, a fuoco pieno per 4 minuti, mescolando due volte. Aggiungere il pollo e mescolare finché non sarà ben ricoperto con la miscela di burro o margarina. Coprire con pellicola (involucro di plastica) e tagliarlo due volte per permettere al vapore di fuoriuscire. Cuocete a Pieno per 12 minuti, girando il piatto tre volte. Scoprire e aggiungere gli altri ingredienti, mescolando bene. Coprite come prima e cuocete a Pieno per 18 minuti. Lasciar riposare per 6 minuti prima di servire.

paprika di pollo

Serve 4

Pronunciata paprikash, questa fantasia di pollo è un parente del gulas o del gulasch, uno dei piatti più rinomati dell'Ungheria.

1,5 kg di pezzi di pollo
1 cipolla grande, tritata
1 peperone verde (campana), privato dei semi e tritato
1 spicchio d'aglio, schiacciato
30 ml/2 cucchiai di olio di mais o strutto fuso
45 ml/3 cucchiai di farina (per tutti gli usi).
15 ml/1 cucchiaio di paprika

300 ml/½ pt/1 ¼ tazze di brodo di pollo caldo
30 ml/2 cucchiai di passata di pomodoro (pasta)
5 ml/1 cucchiaino di zucchero di canna morbido scuro
2,5 ml/½ cucchiaino di semi di cumino
5 ml/1 cucchiaino di sale
150 ml/5 fl oz/2/3 tazze di crème fraîche
Piccoli formati di pasta, bolliti

Mettere i pezzi di pollo in una casseruola da 30 cm/12 di diametro (forno olandese). Coprire con pellicola (involucro di plastica) e tagliarlo due volte per permettere al vapore di fuoriuscire. Cuocete a Pieno per 15 minuti, girando il piatto due volte. Nel frattempo preparate la salsa in modo convenzionale. Mettere la cipolla, il pepe, l'aglio e l'olio in una casseruola (padella) e soffriggere (rosolare) dolcemente fino a quando le verdure saranno morbide ma non dorate. Unire la farina e la paprika, quindi incorporare gradualmente il brodo. Portare a bollore, mescolando. Unire gli altri ingredienti tranne la crème fraîche e la pasta. Scoprire il pollo e ricoprire con la salsa, lavorando in alcuni dei succhi già nel piatto. Completare con cucchiai di crème fraîche. Coprite come prima e cuocete a Pieno per 20 minuti, girando il piatto tre volte. Servire con pasta piccola.

Pollo alle sfumature dell'est

Serve 6–8

Influenze e gusti indiani e indonesiani si uniscono in questa ricetta di pollo straordinariamente grandiosa.

15 ml/1 cucchiaio di olio di arachidi (arachidi).
3 cipolle medie, tritate
2 spicchi d'aglio, schiacciati
900 g di petti di pollo disossati, spellati e tagliati a striscioline
15 ml/1 cucchiaio di farina di mais (amido di mais)
60 ml/4 cucchiai di burro di arachidi croccante
150 ml/¼ pt/2/3 tazze d'acqua
7,5 ml/1½ cucchiaino di sale
10 ml/2 cucchiaini di pasta di curry dolce

2,5 ml/½ cucchiaino di coriandolo macinato (coriandolo)

2,5 ml/½ cucchiaino di zenzero macinato

Semi di 5 baccelli di cardamomo

60 ml/4 cucchiai di arachidi salate, tritate grossolanamente

2 pomodori, tagliati a spicchi

Scaldare l'olio in una casseruola da 25 cm/10 di diametro (forno olandese), scoperta, a fuoco pieno per 1 minuto. Aggiungere le cipolle e l'aglio e cuocere, senza coperchio, a fuoco Pieno per 3 minuti, mescolando due volte. Unire il pollo e cuocere, scoperto, a fuoco Pieno per 3 minuti, mescolando con una forchetta ogni minuto per separarlo. Spolverizzate con la maizena. Lavorare con tutti gli altri ingredienti tranne le arachidi e i pomodori. Coprire con pellicola (involucro di plastica) e tagliarlo due volte per permettere al vapore di fuoriuscire. Cuocete a Pieno per 19 minuti, girando il piatto quattro volte. Lasciar riposare per 5 minuti. Mescolare e guarnire con le arachidi e gli spicchi di pomodoro prima di servire.

Nasi Goreng

Serve 6

Una specialità olandese-indonesiana.
175 g/6 oz/¾ tazza di riso a grani lunghi facile da cuocere
50 g di burro o margarina
2 cipolle, tritate
2 porri, solo la parte bianca, affettati molto sottili
1 peperoncino verde, privato dei semi e tritato (facoltativo)
350 g di pollo cotto a freddo, tritato grossolanamente
30 ml/2 cucchiai di salsa di soia
1 Frittata Classica, tagliata a listarelle
1 pomodoro grande, tagliato a spicchi

Cuocere il riso come indicato sulla confezione. Lasciar raffreddare. Mettere il burro o la margarina in una casseruola da 25 cm/10 di diametro (forno olandese). Scaldare, scoperto, su Pieno per 1 minuto. Unire le cipolle, i porri e il peperoncino, se utilizzato. Cuocere, senza coperchio, a fuoco pieno per 4 minuti. Unire il riso, il pollo e la salsa di soia. Coprire con un piatto e cuocere a fuoco Pieno per 6-7 minuti, mescolando tre volte, fino a quando non sarà ben caldo. Guarnire con un motivo incrociato di strisce di frittata e spicchi di pomodoro.

Tacchino arrosto

SERVE 6

1 tacchino, della misura richiesta (consentire 350 g/12 oz) di peso crudo a persona)

Imbastire

Coprire le punte delle ali e le estremità delle gambe con un foglio. Metti il tacchino, con il petto rivolto verso il basso, in un piatto abbastanza grande da contenere comodamente l'uccello. Non preoccuparti se il corpo esce sopra il bordo. Coprire con pellicola (involucro di plastica) e forare 4 volte. Cuocere a fuoco pieno per 4 minuti per 450 g/1 libbra. Togliere dal forno e girare con attenzione l'uccello in modo che il petto sia ora più in alto. Spennellare spesso con una bagna, usando una a base di grasso se l'uccello è semplice e una non grassa se il tacchino è auto-imbastabile. Coprire come prima e cuocere a fuoco Pieno per altri 4 minuti per 450 g/1 libbra. Trasferire in un piatto da intaglio e coprire con un foglio di alluminio. Lasciar riposare per 15 minuti, quindi intagliare.

Turchia spagnola

Serve 4

30 ml/2 cucchiai di olio d'oliva
4 pezzi di petto di tacchino disossato, 175 g ciascuno
1 cipolla, tritata
12 olive ripiene, tritate
2 uova sode (cotte) (pagine 98–9), sgusciate e tritate
30 ml/2 cucchiai di cetriolini tritati (cornichons)
2 pomodori, affettati sottilmente

Scaldare l'olio in una casseruola profonda 20 cm/8 di diametro, scoperta, su Full per 1 minuto. Aggiungere il tacchino e saltare bene nell'olio per ricoprire bene entrambi i lati. Unire la cipolla, le olive, le uova e i cetriolini e versare equamente sul tacchino. Guarnire con le fette di pomodoro. Coprire con pellicola (involucro di plastica) e tagliarlo due volte per permettere al vapore di fuoriuscire. Cuocete a Pieno per 15 minuti, girando il piatto cinque volte. Lasciar riposare per 5 minuti prima di servire.

Tacos alla Turchia

Serve 4

Per i tacos:
450 g di tacchino tritato
1 cipolla piccola, tritata
2 spicchi d'aglio, schiacciati
5 ml/1 cucchiaino di semi di cumino, macinati se si preferisce
2,5–5 ml/½–1 cucchiaino di peperoncino in polvere
30 ml/2 cucchiai di foglie di coriandolo (coriandolo) tritate

5 ml/1 cucchiaino di sale
60 ml/4 cucchiai di acqua
4 grandi tortillas acquistate
Lattuga grattugiata

Per la guarnizione dell'avocado:
1 avocado maturo grande
15–20 ml/3–4 cucchiaini comprati di salsa piccante
Succo di 1 lime
Sale
60 ml/4 cucchiai di panna acida (agrodolce).

Per preparare i tacos, ricoprite la base di una teglia di 20 cm di diametro con il tacchino. Coprite con un piatto e cuocete a Pieno per 6 minuti. Sminuzzare i chicchi di carne con una forchetta. Unire tutti gli altri ingredienti tranne le tortillas e la lattuga. Coprire con pellicola (involucro di plastica) e tagliarlo due volte per permettere al vapore di fuoriuscire. Cuocete a Pieno per 8 minuti, girando il piatto quattro volte. Lasciar riposare per 4 minuti. Mescolare accuratamente. Accatastare uguali quantità di composto di tacchino sulle tortillas, aggiungere un po' di lattuga e arrotolare. Trasferire in un piatto e tenere in caldo.

Per preparare il condimento all'avocado, taglia a metà l'avocado, raccogli la polpa e schiaccia finemente. Unire la salsa, il succo di lime e il sale. Trasferire i tacos in quattro piatti riscaldati, ricoprire ciascuno con la miscela di avocado e 15 ml/1 cucchiaio di panna acida. Mangia subito.

Tacos di frittelle

Serve 4

Preparare come per i Tacos di tacchino, ma sostituire le tortillas acquistate con quattro grandi frittelle fatte in casa.

Pagnotta Di Tacchino

Serve 4

450 g di tacchino tritato crudo (macinato).
1 spicchio d'aglio, schiacciato
30 ml/2 cucchiai di farina (per tutti gli usi).
2 uova grandi, sbattute
10 ml/2 cucchiaini di sale

10 ml/2 cucchiaini di timo essiccato

5 ml/1 cucchiaino di salsa Worcestershire

20 ml/4 cucchiaini di noce moscata macinata

Patate In Giacca

Cavolfiore cotto

Salsa Di Formaggio

Mescolare il tacchino, l'aglio, la farina, le uova, il sale, il timo, la salsa Worcestershire e la noce moscata. Con le mani umide, formare una pagnotta di 15 cm. Trasferire in un piatto fondo, coprire con pellicola (involucro di plastica) e tagliarlo due volte per far fuoriuscire il vapore. Cuocere a Pieno per 9 minuti. Lasciar riposare per 5 minuti. Tagliare in quattro porzioni e servire con patate al cartoccio e cavolfiore, ricoperte di salsa di formaggio e rosolate convenzionalmente sotto il grill (broiler).

Curry di tacchino anglo-madras

Serve 4

Una ricetta utile per consumare gli avanzi di tacchino di Natale.

30 ml/2 cucchiai di olio di mais o di girasole

1 cipolla grande, affettata molto sottile

1 spicchio d'aglio, schiacciato

30 ml/2 cucchiai di uvetta

30 ml/2 cucchiai di cocco essiccato (grattugiato).

25 ml/1½ cucchiaio di farina (per tutti gli usi).

20 ml/4 cucchiaini di curry caldo

300 ml/½ pt/1¼ tazze di acqua bollente

30 ml/2 cucchiai di crema singola (leggera).

2,5 ml/½ cucchiaino di sale

Succo di ½ limone

350 g/12 oz/3 tazze di tacchino cotto a freddo, a cubetti

Pane indiano, insalata mista e chutney, per servire

Mettere l'olio in un piatto da 1,5 litri/2½ pt/6 tazze con la cipolla, l'aglio, l'uvetta e il cocco. Mescolare bene. Cuocere, senza coperchio, a fuoco pieno per 3 minuti. Unire la farina, il curry in polvere, l'acqua, la panna, il sale, il succo di limone e il tacchino. Coprire con un piatto e cuocere a fuoco Pieno per 6-7 minuti, mescolando due volte, fino a quando il curry non si sarà addensato e spumeggiante. Lasciar riposare per 3 minuti. Mescolare e servire con pane indiano, insalata e chutney.

Curry di tacchino alla frutta

Serve 4

30 ml/2 cucchiai di burro o margarina

10 ml/2 cucchiaini di olio d'oliva

2 cipolle, tritate

15 ml/1 cucchiaio di curry in polvere delicato

30 ml/2 cucchiai di farina (per tutti gli usi).

150 ml/¼ pt/2/3 tazza di crema singola (leggera).
90 ml/6 cucchiai di yogurt bianco alla greca
1 spicchio d'aglio, schiacciato
30 ml/2 cucchiai di passata di pomodoro (pasta)
5 ml/1 cucchiaino di garam masala
5 ml/1 cucchiaino di sale
Succo di 1 lime piccolo
4 mangiare mele (da dessert), sbucciate, private del torsolo, tagliate in quarti e affettate sottilmente
30 ml/2 cucchiai di chutney di frutta
450 g di tacchino cotto a freddo, tagliato a cubetti

Mettere il burro o la margarina e l'olio in una casseruola da 25 cm/10 di diametro (forno olandese). Scaldare, senza coperchio, a fuoco Pieno per 1 minuto e mezzo. Unire le cipolle. Cuocete, senza coperchio, a fuoco Pieno per 3 minuti, mescolando due volte. Unire il curry, la farina, la panna e lo yogurt. Cuocere, senza coperchio, a fuoco pieno per 2 minuti. Aggiungere tutti gli altri ingredienti. Coprire con un piatto e cuocere a fuoco Pieno per 12-14 minuti, mescolando ogni 5 minuti, fino a quando non sarà ben caldo.

Torta Di Tacchino Pane E Burro

Serve 4

75 g/3 oz/3/8 tazza di burro o margarina
60 ml/4 cucchiai di parmigiano grattugiato
2,5 ml/½ cucchiaino di timo essiccato

1,5 ml/¼ cucchiaino di salvia essiccata

5 ml/1 cucchiaino di scorza di limone grattugiata

4 fette grandi di pane bianco o integrale

1 cipolla, tritata

50 g di funghi, affettati

45 ml/3 cucchiai di farina (per tutti gli usi).

300 ml/½ pt/1¼ tazze di brodo di pollo caldo

15 ml/1 cucchiaio di succo di limone

45 ml/3 cucchiai di crema singola (leggera).

225 g/8 oz/2 tazze di pollo cotto a freddo, tagliato a cubetti

Sale e pepe nero appena macinato

Montare metà del burro o della margarina con il formaggio, il timo, la salvia e la scorza di limone. Spalmateci sopra il pane, poi tagliate ogni fetta in quattro triangoli. Mettere il burro o la margarina rimanenti in una teglia profonda 20 cm/8 di diametro. Scaldare, senza coperchio, a fuoco Pieno per 1 minuto e mezzo. Aggiungere la cipolla e i funghi. Cuocete, senza coperchio, a fuoco Pieno per 3 minuti, mescolando due volte. Unire la farina, quindi incorporare gradualmente il brodo, il succo di limone e la panna. Unire il pollo e condire a piacere. Coprire con un piatto e scaldare su Full per 8 minuti, mescolando tre volte, fino a quando non sarà ben caldo. Togliere dal microonde. Ricoprire con i triangoli di pane imburrati e farli rosolare sotto una griglia ben calda (broiler).

Casseruola Di Tacchino E Riso Con Ripieno

Serve 4–5

225 g/8 oz/1 tazza di riso a grana lunga facile da cuocere
300 ml/10 fl oz/1 lattina di crema condensata di zuppa di funghi
300 ml/½ pt/1¼ tazze di acqua bollente

225 g/8 oz/2 tazze di mais dolce (mais)
50 g di noci non salate tritate
175 g/6 oz/1½ tazze di tacchino cotto, tagliato a dadini
50 g di ripieno freddo, a cubetti
Insalata di cavolo, servire

Mettere tutti gli ingredienti tranne il ripieno in un piatto da 1,75 litri/3 pt/7½ tazze. Mescolare accuratamente. Coprire con pellicola (involucro di plastica) e tagliarlo due volte per permettere al vapore di fuoriuscire. Cuocere a Pieno per 25 minuti. Scoprire e mescolare con una forchetta per sgranare il riso. Coprite con il ripieno freddo. Coprite con un piatto e cuocete a Pieno per 2 minuti. Lasciar riposare per 4 minuti. Sformare di nuovo e mangiare con insalata di cavolo.

Petto di tacchino con glassa all'arancia

Serve 4–6

Per le piccole famiglie che vogliono un pasto festivo con il minimo avanzi.

40 g/1½ oz/3 cucchiai di burro
15 ml/1 cucchiaio di ketchup (catsup)
10 ml/2 cucchiaini di melassa nera (melassa)
5 ml/1 cucchiaino di paprika
5 ml/1 cucchiaino di salsa Worcestershire
Buccia finemente grattugiata di 1 satsuma o clementina
Un pizzico di chiodi di garofano macinati
1,5 ml/¼ cucchiaino di cannella in polvere
1 petto di tacchino intero, circa 1 kg/2¼ lb

Unisci bene tutti gli ingredienti tranne il tacchino in un piatto. Scaldare, senza coperchio, su Defrost per 1 minuto. Mettere il petto di tacchino in una teglia da 25 cm/10 di diametro (forno olandese) e spennellare con metà dell'impasto. Coprire con pellicola (involucro di plastica) e tagliarlo due volte per permettere al vapore di fuoriuscire. Cuocere a Pieno per 10 minuti. Capovolgere il petto di tacchino e spennellare con l'impasto rimasto. Coprite come prima e cuocete a Pieno per altri 10 minuti, girando la casseruola tre volte. Lasciare riposare per 7-10 minuti prima di intagliare.

Anatra in agrodolce

Serve 4

1 anatra, circa 2,25 kg, lavata e asciugata

45 ml/3 cucchiai di chutney di mango
Germogli di fagiolo
175 g/6 oz/¾ tazza di riso integrale, bollito

Metti l'anatra a testa in giù su un piatto da tè capovolto in una casseruola da 25 cm/10 di diametro (forno olandese). Coprire con pellicola (involucro di plastica) e tagliarlo due volte per permettere al vapore di fuoriuscire. Cuocere a Pieno per 20 minuti. Scoprire e versare con cura il grasso e i succhi. Girare l'anatra e spalmare il petto con il chutney. Coprite come prima e cuocete a Pieno per altri 20 minuti. Tagliare in quattro porzioni e servire con i germogli di soia e il riso.

Canton Anatra

Serve 4

45 ml/3 cucchiai di marmellata di albicocche liscia (conserva)

30 ml/2 cucchiai di vino di riso cinese

10 ml/2 cucchiaini di senape dolce

5 ml/1 cucchiaino di succo di limone

10 ml/2 cucchiaini di salsa di soia

1 anatra, circa 2,25 kg, lavata e asciugata

In una bacinella mettete la marmellata di albicocche, il vino di riso, la senape, il succo di limone e la salsa di soia. Riscaldare a fuoco pieno per 1–1½ minuti, mescolando due volte. Metti l'anatra a testa in giù su un piatto da tè capovolto in una casseruola da 25 cm/10 di diametro (forno olandese). Coprire con pellicola (involucro di plastica) e tagliarlo due volte per permettere al vapore di fuoriuscire. Cuocere a Pieno per 20 minuti. Scoprire e versare con cura il grasso e i succhi. Capovolgere l'anatra e spalmare il petto con la marmellata di albicocche. Coprite come prima e cuocete a Pieno per 20 minuti. Tagliare in quattro porzioni e servire.

Anatra con salsa all'arancia

Serve 4

Un lusso di alta classe, facilmente preparabile nel microonde in una frazione del tempo normalmente impiegato. Guarnire con crescione e fette di arancia fresca per un centrotavola di festa.

1 anatra, circa 2,25 kg, lavata e asciugata

Per la salsa:
Buccia grattugiata finemente di 1 arancia grande
Succo di 2 arance
30 ml/2 cucchiai di marmellata di limoni a scaglie fini
15 ml/1 cucchiaio di gelatina di ribes rosso (conserva trasparente)
30 ml/2 cucchiai di liquore all'arancia
5 ml/1 cucchiaino di salsa di soia
10 ml/2 cucchiaini di farina di mais (amido di mais)

Metti l'anatra a testa in giù su un piatto da tè capovolto in una casseruola da 25 cm/10 di diametro (forno olandese). Coprire con pellicola (involucro di plastica) e tagliarlo due volte per permettere al vapore di fuoriuscire. Cuocere a Pieno per 20 minuti. Scoprire e versare con cura il grasso e i succhi. Gira l'anatra. Coprite come prima e cuocete a Pieno per 20 minuti. Tagliare in quattro porzioni, trasferire su un piatto da portata e tenere in caldo. Scremare il grasso dai succhi di cottura.

Per fare la salsa, mettete tutti gli ingredienti tranne la maizena in una caraffa graduata. Aggiungere i succhi di cottura scremati. Preparare fino a 300 ml/½ pt/1¼ tazze con acqua calda. Mescolare l'amido di mais fino a ottenere una pasta sottile con qualche cucchiaio di acqua fredda. Aggiungere alla caraffa e mescolare accuratamente. Cuocere, senza coperchio, a fuoco pieno per 4 minuti, mescolando tre volte. Versare sopra l'anatra e servire subito.

Anatra alla francese

Serve 4

1 anatra, circa 2,25 kg, lavata e asciugata

12 prugne denocciolate (snocciolate).
1 gambo di sedano, tritato finemente
2 spicchi d'aglio, schiacciati

Per la salsa:
300 ml/½ pt/1¼ tazze di sidro secco
5 ml/1 cucchiaino di sale
10 ml/2 cucchiaini di passata di pomodoro (pasta)
30 ml/2 cucchiai di crème fraîche
15 ml/1 cucchiaio di farina di mais (amido di mais)
Tagliatelle lesse, per servire

Metti l'anatra a testa in giù su un piatto da tè capovolto in una casseruola da 25 cm/10 di diametro (forno olandese). Spargere le prugne, il sedano e l'aglio intorno all'anatra. Coprire la teglia con pellicola (involucro di plastica) e tagliarla due volte per far fuoriuscire il vapore. Cuocere a Pieno per 20 minuti. Scoprire e versare con cura e riservare il grasso e i succhi. Gira l'anatra. Coprite come prima e cuocete a Pieno per 20 minuti. Tagliare in quattro porzioni, trasferire su un piatto da portata e tenere in caldo. Scremare il grasso dai succhi di cottura.

Per fare la salsa, mettete il sidro in una caraffa graduata. Unire il sale, la passata di pomodoro, la crème fraîche, i succhi di cottura scremati e la maizena. Cuocere, senza coperchio, a fuoco Pieno per 4-5 minuti fino a quando non si sarà addensato e spumeggiante, sbattendo ogni minuto. Versare sopra l'anatra e le prugne e accompagnare con le tagliatelle.

Arrosto di carne disossata e arrotolata

Metti l'arrosto, con la pelle rivolta verso l'alto, su uno speciale sottopentola per microonde in piedi in un piatto grande. Coprire con un pezzo di pellicola (involucro di plastica). Per ogni 450 g/1 libbra prevedere i seguenti tempi di cottura:

- Maiale – 9 minuti
- Prosciutto – 9 minuti
- Agnello – 9 minuti
- Manzo – 6–8 minuti

Girare la pietanza ogni 5 minuti per una cottura uniforme, proteggendo le mani con i guanti da forno. Lasciar riposare per 5-6 minuti a metà del tempo di cottura. A fine cottura trasferite l'arrosto su un tagliere e coprite con un doppio spessore di carta stagnola. Lasciar riposare per 5-8 minuti, a seconda delle sue dimensioni, prima di intagliare.

Braciole di Maiale in Agrodolce con Arancia e Lime

Serve 4

4 costolette di maiale, 175 g ciascuna dopo la rifilatura
60 ml/4 cucchiai di ketchup (catsup)
15 ml/1 cucchiaio di salsa teriyaki
20 ml/4 cucchiaini di aceto di malto
5 ml/1 cucchiaino di scorza di lime grattugiata finemente
Succo di 1 arancia
1 spicchio d'aglio, schiacciato (facoltativo)
350 g/12 oz/1½ tazze di riso integrale, bollito

Disporre le costolette in una teglia profonda 25 cm/10 di diametro. Sbattere insieme tutti gli altri ingredienti tranne il riso e versare sopra le costolette. Coprire con pellicola (involucro di plastica) e tagliarlo due volte per permettere al vapore di fuoriuscire. Cuocete a Pieno per 12 minuti, girando il piatto quattro volte. Lasciar riposare per 5 minuti prima di servire con il riso integrale.

Pagnotta Di Carne

Serve 8–10

Una terrina familiare versatile e collaudata. È ottimo servito caldo, tagliato a spicchi con sugo di carne o sugo portoghese o sugo di pomodoro rustico e accompagnato con crema di patate o maccheroni al formaggio e verdure assortite. In alternativa, mangialo freddo con una ricca maionese o condimento per insalata e insalata. Per i panini, affettare sottilmente e utilizzare come ripieno con lattuga, cipollotti tritati (scalogno) e pomodori oppure, servito con cetriolini (cornichons) e pane di grana, ha le fattezze di un classico antipasto alla francese.

125 g/4¾ oz/3½ fette di pane bianco a pasta leggera
450 g/1 libbra di carne magra tritata (macinata).
450 g di tacchino tritato (macinato).
10 ml/2 cucchiaini di sale
3 spicchi d'aglio, schiacciati
4 uova grandi, sbattute
10 ml/2 cucchiaini di salsa Worcestershire
10 ml/2 cucchiaini di salsa di soia scura
10 ml/2 cucchiaini di senape fatta

Ungere leggermente una teglia profonda 23 cm/9 di diametro. Sbriciolare il pane in un robot da cucina. Aggiungere tutti gli altri ingredienti e frullare la macchina fino a quando il composto non sarà appena amalgamato. (Evitare di mescolare troppo perché la pagnotta risulterà pesante e densa.) Distribuire nella teglia preparata. Metti un barattolo di marmellata per bambini (conserve) o un portauovo dritto al centro in modo che il composto di carne formi un anello. Coprire con pellicola (involucro di plastica) e tagliarlo due volte per permettere al vapore di fuoriuscire. Cuocete a Pieno per 18 minuti, girando il piatto due volte. La pagnotta si restringerà dai lati del piatto. Lasciar riposare per 5 minuti se servire caldo.

Terrina di tacchino e salsiccia

Serve 8–10

Preparare come per il polpettone, ma sostituire 450 g/1 libbra di carne di manzo o salsiccia di maiale con la carne macinata (macinata). Cuocere a Pieno per 18 minuti invece di 20 minuti.

Costolette Di Maiale Con Condimento Zippy

Serve 4

4 costolette di maiale, 175 g ciascuna dopo la rifilatura
30 ml/2 cucchiai di burro o margarina
5 ml/1 cucchiaino di paprika
5 ml/1 cucchiaino di salsa di soia
5 ml/1 cucchiaino di salsa Worcestershire

Disporre le costolette in una teglia profonda 25 cm/10 di diametro. Sciogliere il burro o la margarina su Defrost per 1 minuto e mezzo. Sbattere gli altri ingredienti e versare sulle costolette. Coprire con pellicola (involucro di plastica) e tagliarlo due volte per permettere al vapore di fuoriuscire. Cuocete a Pieno per 9 minuti, girando il piatto quattro volte. Lasciar riposare per 4 minuti.

Casseruola Hawaiana Di Maiale E Ananas

Serve 6

Delicatezza, tenerezza e un sapore fine caratterizzano questa ricetta di carne e frutta dell'isola tropicale delle Hawaii.

15 ml/1 cucchiaio di olio di arachidi (arachidi).
1 cipolla, tritata finemente
2 spicchi d'aglio, schiacciati
900 g di filetto di maiale, tagliato a cubetti
15 ml/1 cucchiaio di farina di mais (amido di mais)
400 g/14 oz/3½ tazze di ananas schiacciato in scatola con succo naturale
45 ml/3 cucchiai di salsa di soia
5 ml//1 cucchiaino di zenzero macinato
Pepe nero appena macinato

Spennellare l'olio sulla base e sui lati di una teglia profonda 23 cm/9 di diametro. Aggiungere la cipolla e l'aglio e cuocere, senza coperchio, a fuoco Pieno per 3 minuti. Unire il maiale, la maizena, l'ananas e il succo, la salsa di soia e lo zenzero. Condire a piacere con pepe. Disporre ad anello attorno al bordo interno della teglia, lasciando un piccolo incavo al centro. Coprire con pellicola (involucro di plastica) e tagliarlo due volte per permettere al vapore di fuoriuscire. Cuocete a Pieno per 16 minuti, girando il piatto quattro volte. Lasciar riposare per 5 minuti, quindi mescolare prima di servire.

Casseruola hawaiana di gammon e ananas

Serve 6

Preparare come per la casseruola di maiale e ananas hawaiano, ma sostituire il maiale con cubetti di prosciutto crudo e delicato.

Gammon festivo

Serve 10–12

Ideale per un buffet di Natale o Capodanno, il prosciutto cotto nel microonde è umido e succulento e si intaglia magnificamente. Questa è la dimensione massima per un risultato soddisfacente.

Gammon joint, peso massimo 2,5 kg/5½ lb
50 g/2 oz/1 tazza di pangrattato rosolato
chiodi di garofano interi

L'arrosto viene prima bollito convenzionalmente per diminuire la salinità. Mettere il prosciutto in una pentola capiente, coprire con acqua fredda, portare a bollore e scolare. Ripetere. Pesare la giuntura scolata e lasciar cuocere 8 minuti su Pieno per 450 g/1 libbra. Posizionare la giuntura direttamente sul vassoio di vetro all'interno del microonde o metterla in un piatto fondo grande. Se c'è un'estremità stretta, avvolgerla in un pezzo di carta stagnola per evitare che si cuocia troppo. Coprite il prosciutto con carta da cucina e fate cuocere per metà del tempo di cottura. Lasciar riposare nel microonde per 30 minuti. Togliere la pellicola, se utilizzata capovolgere l'arrosto e coprire con carta da cucina. Completate la cottura e lasciate riposare per altri 30 minuti. Trasferimento su una tavola. Eliminare la pelle, incidere il grasso a rombi, quindi cospargere con le briciole. Stud ogni diamante con uno spicchio.

Galà Gammon smaltato

Serve 10–12

Gammon joint, peso massimo 2,5 kg/5½ lb
50 g/2 oz/1 tazza di pangrattato rosolato
chiodi di garofano interi
60 ml/4 cucchiai di zucchero demerara
10 ml/2 cucchiaini di polvere di senape
60 ml/4 cucchiai di burro o margarina, sciolti
5 ml/1 cucchiaino di salsa Worcestershire
30 ml/2 cucchiai di succo d'uva bianca
Ciliegie da cocktail

Preparati come per il Festive Gammon, ma fissa ogni diamante alternativo con uno spicchio. Per fare la glassa, mescolare insieme lo zucchero, la senape, il burro o la margarina, la salsa Worcestershire e il succo d'uva. Trasferire il prosciutto in una teglia e coprire il grasso con la glassa. Cuocere l'arrosto in modo convenzionale a 190°C/375°F/gas mark 5 per 25-30 minuti fino a quando il grasso non sarà dorato. Stud i restanti diamanti di grasso con le ciliegie da cocktail infilzate su bastoncini da cocktail (stuzzicadenti).

Paella con salame spagnolo

Serve 6

Preparare come per la paella, ma sostituire il pollo con il salame tritato grossolanamente.

Polpette alla svedese

Serve 4

Conosciuto come kottbullar, questo è uno dei piatti nazionali svedesi, dove viene servito con patate lesse, salsa di mirtilli, salsa e un'insalata mista.

75 g/3 oz/1½ tazze di pangrattato bianco fresco
1 cipolla, tritata finemente
225 g/8 oz/2 tazze di maiale magro tritato (macinato).
225 g/8 oz/2 tazze di carne macinata (macinata).
1 uovo grande
2,5 ml/½ cucchiaino di sale
175 ml/6 fl oz/1 lattina piccola di latte evaporato
2,5 ml/½ cucchiaino di pimento macinato
25 g/1 oz/2 cucchiai di margarina

Amalgamare bene tutti gli ingredienti tranne la margarina. Formate 12 palline di dimensioni uguali. Riscaldare una pirofila per microonde come indicato a pagina 14 o nel libretto di istruzioni fornito con la pirofila o il microonde. Aggiungere la margarina e, con le mani protette dai guanti da forno, girare la pirofila fino a ricoprire completamente la base. A questo punto sfrigola anche. Unite le polpette e girate subito per farle dorare dappertutto. Coprire con pellicola (involucro di plastica) e tagliarlo due volte per permettere al vapore di fuoriuscire. Cuocete a Pieno per 9 minuti e mezzo, girando il piatto quattro volte. Lasciar riposare per 3 minuti prima di servire.

Arrosto di maiale con ciccioli

Una pelle sorprendentemente croccante sul maiale, a causa del lungo tempo di cottura della carne.

Scegli un pezzo di gamba, consentendo 175 g/6 once a persona. Incidere la pelle in profondità con un coltello e cospargere densamente di sale e più leggermente di paprika. Metti l'arrosto, con la pelle rivolta verso l'alto, su uno speciale sottopentola per microonde in piedi in un piatto grande. Coprite con un pezzo di carta da forno. Aprire l'arrosto in questo modo, concedendo 9 minuti per ogni 450 g/1 libbra. Girare il piatto ogni 5 minuti per una cottura uniforme, proteggendo le mani con i guanti da forno. Lasciar riposare per 6 minuti a metà cottura. A fine cottura trasferite l'arrosto su un tagliere e coprite con un doppio spessore di carta stagnola. Lasciare riposare per 8 minuti prima di intagliare e servire con verdure e ripieno di salvia e cipolla.

Arrosto di maiale al miele

Preparare come per l'arrosto di maiale con ciccioli, ma spennellare con una bagna a base di 90 ml/6 cucchiai di miele scuro chiaro mescolato con 20 ml/1 cucchiaio generoso di senape e 10 ml/2 cucchiaini di salsa Worcestershire prima di cospargere di sale e paprika.

Braciole Di Maiale Con Cavolo Rosso

Serve 4

Un affare invernale, quando barattoli e barattoli di cavolo rosso riempiono gli scaffali per Natale. Da mangiare con crema di patate e purè di pastinaca.

450 g di cavolo rosso cotto
4 pomodori, sbollentati, spellati e tritati
10 ml/2 cucchiaini di sale
4 costolette di maiale, 175 g ciascuna dopo la rifilatura
10 ml/2 cucchiaini di salsa di soia
2,5 ml/½ cucchiaino di sale all'aglio
2,5 ml/½ cucchiaino di paprika
15 ml/1 cucchiaio di zucchero di canna morbido scuro

Disporre il cavolo cappuccio sulla base di una pirofila da 20 cm/8 di diametro (forno olandese). Unire i pomodori e il sale e adagiare sopra le costolette. Versare sopra la salsa di soia e cospargere con gli altri ingredienti. Coprire con pellicola (involucro di plastica) e tagliarlo due volte per permettere al vapore di fuoriuscire. Cuocete a Pieno per 15 minuti, girando il piatto quattro volte. Lasciar riposare per 4 minuti prima di servire.

Filetti Di Maiale Alla Romana

Serve 4

15 ml/1 cucchiaio di olio d'oliva
1 cipolla piccola, tritata
1 spicchio d'aglio, schiacciato
4 fette di filetto di maiale, 125 g ciascuna, sbattute fino a renderle molto sottili
60 ml/4 cucchiai di succo di pomodoro
5 ml/1 cucchiaino di origano secco
125 g di mozzarella, a fette
30 ml/2 cucchiai di capperi
Polenta

Versare l'olio in una teglia profonda 25 cm/10 di diametro. Riscaldare a pieno per 1 minuto. Unire la cipolla e l'aglio. Cuocere, senza coperchio, a fuoco pieno per 4 minuti, mescolando due volte. Aggiungere il maiale al piatto in un unico strato. Cuocere, senza coperchio, a fuoco pieno per 2 minuti. Capovolgere e cuocere per altri 2 minuti. Irrorate con il succo di pomodoro e l'origano, guarnite con le fette di mozzarella, quindi guarnite con i capperi. Coprire con pellicola (involucro di plastica) e tagliarlo due volte per permettere al vapore di fuoriuscire. Cuocere a fuoco pieno per 2-3 minuti o fino a quando il formaggio non si sarà appena sciolto. Lasciar riposare per 1 minuto prima di servire con la polenta.

Filetto Di Maiale E Casseruola Di Verdure

Serve 6–8

15 ml/1 cucchiaio di olio di semi di girasole o di mais
1 cipolla, grattugiata
2 spicchi d'aglio, schiacciati
675 g di filetto di maiale, tagliato a fette di 1,5 cm
30 ml/2 cucchiai di farina (per tutti gli usi).
5 ml/1 cucchiaino di maggiorana essiccata
5 ml/1 cucchiaino di buccia d'arancia grattugiata finemente
200 g di piselli e carote misti surgelati in scatola o scongelati
200 g/7 oz/1½ tazze di mais dolce (mais)
300 ml/½ pt/1¼ tazze di vino rosato
150 ml/¼ pt/2/3 tazze di acqua calda
5 ml/1 cucchiaino di sale

Versare l'olio in una casseruola da 2 litri/3½ pt/8½ tazze (forno olandese). Scaldare, scoperto, su Pieno per 1 minuto. Unire la cipolla e l'aglio. Cuocere, senza coperchio, a fuoco pieno per 4 minuti, mescolando due volte. Aggiungi il maiale. Coprite il piatto con un piatto e cuocete su Pieno per 4 minuti. Unire la farina, facendo in modo che i pezzi di carne siano ben ricoperti. Aggiungere tutti gli altri ingredienti tranne il sale. Coprire con pellicola (involucro di plastica) e tagliarlo due volte per permettere al vapore di fuoriuscire. Cuocete a Pieno per 17 minuti, girando il piatto quattro volte. Lasciar riposare per 5 minuti prima di condire con il sale e servire.

Costolette Di Maiale Al Peperoncino

Serve 4

4 costolette di maiale, 225 g ciascuna, senza grasso
10 ml/2 cucchiaini di peperoncino o condimento Cajun
5 ml/1 cucchiaino di aglio in polvere
400 g/14 oz/1 barattolo grande di fagioli rossi, scolati
400 g/14 oz/1 barattolo grande di pomodori tagliati a pezzetti
30 ml/2 cucchiai di coriandolo fresco tritato (coriandolo)
2,5 ml/½ cucchiaino di sale

Disporre le costolette in una teglia profonda 30 cm/12 di diametro. Cospargere con il condimento e l'aglio in polvere. Coprire con pellicola (involucro di plastica) e tagliarlo due volte per permettere al vapore di fuoriuscire. Cuocete a Pieno per 8 minuti, girando il piatto due volte. Scoprire e spalmare con i fagioli e i pomodori con il loro succo. Cospargete con il coriandolo e il sale. Coprite come prima e cuocete a Pieno per 15 minuti, girando 3 volte. Lasciar riposare per 5 minuti prima di servire.

Carne di maiale con chutney e mandarini

Serve 4

4 costolette di maiale, 225 g ciascuna, senza grasso
350 g/12 oz/1 barattolo grande di spicchi di mandarino in sciroppo leggero
5 ml/1 cucchiaino di paprika
20 ml/4 cucchiaini di salsa di soia
45 ml/3 cucchiai di chutney di frutta, tritato se necessario
2 spicchi d'aglio, schiacciati
Riso al curry

Disporre le costolette in una teglia profonda 30 cm/12 di diametro. Scolare i mandarini, riservando 30 ml/2 cucchiai di sciroppo, e dividere la frutta sulle braciole. Sbattere lo sciroppo messo da parte con gli altri ingredienti tranne il riso e versare sopra i mandarini. Coprire con pellicola (involucro di plastica) e tagliarlo due volte per permettere al vapore di fuoriuscire. Cuocere a fuoco pieno per 20 minuti, girando il piatto quattro volte. Lasciar riposare per 5 minuti, quindi servire con il riso.

Costolette "alla brace".

Serve 4

1 kg/2¼ lb di costolette di maiale carnose o costine di maiale
50 g di burro o margarina
15 ml/1 cucchiaio di ketchup (catsup)
10 ml/2 cucchiaini di salsa di soia
5 ml/1 cucchiaino di paprika
1 spicchio d'aglio, schiacciato
5 ml/1 cucchiaino di salsa piccante al peperoncino

Lavate e asciugate la carne di maiale e dividetela in singole costine. Disporre nel piatto fondo rotondo più grande che si adatta comodamente al microonde, con la parte più stretta di ciascuna costa rivolta verso il centro. Coprire con pellicola (involucro di plastica) e tagliarlo due volte per permettere al vapore di fuoriuscire. Cuocete a Pieno per 10 minuti, girando il piatto tre volte. Per fare l'imbaste, unire gli altri ingredienti in una ciotola e scaldare, senza coperchio, su Defrost per 2 minuti. Scoprire le costole e versare con cura il grasso. Spennellate con circa metà dell'impasto. Cuocere, senza coperchio, a fuoco pieno per 3 minuti. Capovolgere con una pinza e spennellare con l'impasto rimanente. Cuocere, senza coperchio, a fuoco pieno per 2 minuti. Lasciar riposare per 3 minuti prima di servire.

Cicoria avvolta nel prosciutto in salsa di formaggio

Serve 4

Chiamato chicorées au jambon in Belgio, il suo paese di origine. La verdura bianco argentea avvolta nel prosciutto e avvolta da una semplice salsa di formaggio è un capolavoro gastronomico.

Cicoria a 8 teste (indivia belga), circa 1 kg in tutto
150 ml/¼ pt/2/3 tazze di acqua bollente
15 ml/1 cucchiaio di succo di limone
8 fette grandi di prosciutto cotto
600 ml/1 pt/2½ tazze di latte
50 g di burro o margarina

45 ml/3 cucchiai di farina (per tutti gli usi).
175 g/6 oz/1½ tazze di formaggio Edam, grattugiato
Sale e pepe macinato fresco
Patatine (patatine fritte), per servire

Mondate la cicoria, eliminando le foglie esterne ammaccate o danneggiate, e ritagliate un pezzo a forma di cono dalla base di ciascuna per evitare il sapore amaro. Disporre le teste come i raggi di una ruota in una pirofila profonda 30 cm/12 di diametro. Ricoprire con l'acqua e il succo di limone. Coprire con pellicola (involucro di plastica) e tagliarlo due volte per permettere al vapore di fuoriuscire. Cuocete a Pieno per 14 minuti, girando il piatto due volte. Lasciar riposare per 5 minuti, quindi scolare bene. Lavate e asciugate il piatto. Quando la cicoria sarà tiepida, avvolgere attorno a ciascuna una fetta di prosciutto e rimettere nel piatto. Mettere il latte in una brocca e scaldare, senza coperchio, a fuoco Pieno per 3 minuti. Metti il burro o la margarina in un piatto da 1,2 litri/2 pt/5 tazze e sciogli su Pieno per 1 minuto. Unire la farina, quindi incorporare gradualmente il latte caldo. Cuocere, senza coperchio, a fuoco Pieno per 5–6 minuti, sbattendo ogni minuto per garantire morbidezza, fino a quando la salsa non sarà spumante e densa. Unire il formaggio e condire a piacere. Versare uniformemente sulla cicoria e sul prosciutto. Coprire con un piatto e scaldare a fuoco Pieno per 3 minuti. Lasciar riposare per 3 minuti. Rosolare convenzionalmente sotto una griglia calda (broiler), se lo si desidera, quindi servire con patatine.

Costine di maiale in salsa barbecue all'arancia appiccicosa

Serve 4

1 kg/2¼ lb di costolette di maiale carnose o costine di maiale
30 ml/2 cucchiai di succo di limone
30 ml/2 cucchiai di salsa di soia
5 ml/1 cucchiaino di polvere di wasabi giapponese
15 ml/1 cucchiaio di salsa Worcestershire
300 ml/½ pt/1¼ tazze di succo d'arancia appena spremuto
30 ml/2 cucchiai di marmellata di arance scure

10 ml/2 cucchiaini di senape fatta
1 spicchio d'aglio, schiacciato
Tagliatelle cinesi, bollite, per servire
Qualche spicchio d'arancia, per guarnire

Metti le costine in un piatto largo e poco profondo. Coprire con pellicola (involucro di plastica) e tagliarlo due volte per permettere al vapore di fuoriuscire. Cuocete a Pieno per 7 minuti, girando il piatto due volte. Scoprire e versare con cura il grasso. Sbattere insieme gli altri ingredienti tranne le tagliatelle e versare sulle costine. Coprite bene con carta da cucina e cuocete a Pieno per 20 minuti, girando il piatto quattro volte e bagnando ogni volta con la salsa. Da mangiare con spaghetti cinesi bolliti e spicchi d'arancia serviti separatamente.

Budino Di Bistecca E Funghi

Serve 4

Questo antico tesoro inglese funziona come un sogno nel microonde, con la pasta frolla (pasta) che si comporta esattamente come dovrebbe. Il trucco è usare carne precotta, come uno stufato fatto in casa o carne in scatola, perché i cubetti di carne cruda tendono a indurirsi nel microonde se cotti con il liquido.

Per la pasticceria:

175 g di farina autolievitante (autolievitante).
2,5 ml/½ cucchiaino di sale
50 g/2 oz/½ tazza di manzo tritato o sugna vegetariana
90 ml/6 cucchiai di acqua fredda

Per il ripieno:
450 g di carne in umido con sugo
125 g di funghi champignon

Per fare la pasta frolla, setacciate la farina e il sale in una ciotola e aggiungete il sugo. Aiutandovi con una forchetta, aggiungete acqua a sufficienza per ottenere un impasto morbido ma elastico. Impastare leggermente fino ad ottenere un impasto liscio, quindi stendere su una superficie infarinata fino a ottenere un tondo di 30 cm. Ritagliate un quarto a forma di spicchio e tenetelo da parte per il coperchio. Ungete bene una bacinella da budino da 900 ml/1½ pt/3¾ tazza e rivestitela con la pasta, facendola scivolare sulla base e sui lati fino a raggiungere il bordo interno nella parte superiore della bacinella e premendo con la punta delle dita eventuali pieghe. Sigillare le giunture pizzicandole insieme con le dita inumidite.

Per fare il ripieno, scaldare insieme la carne in umido e i funghi, al microonde o convenzionalmente. Lasciar raffreddare. Versare nella teglia foderata di pasta frolla. Stendete la frolla tenuta da parte per fare un coperchio, inumidite il bordo e adagiatela sulla sfoglia, pizzicandoli insieme per sigillarli. Coprire con pellicola (involucro di plastica) e tagliarlo due volte per permettere al vapore di fuoriuscire. Cuocere a fuoco pieno per 7 minuti fino a quando la frolla non sarà ben lievitata. Lasciar riposare per 3 minuti, quindi sformare sui piatti per servire.

Bistecca e Budino di Rene

Serve 4

Preparare come per il budino di bistecca e funghi, ma utilizzare 450 g di bistecca e rognone in umido misto.

Budino Di Bistecca E Castagne

Serve 4

Preparare come per il Budino di Bistecca e Funghi, ma sostituire i funghi champignon con le castagne intere.

Budino Di Bistecca E Noci Sottaceto Con Prugne

Serve 4

Preparare come per il budino di bistecca e funghi, ma sostituire i funghi con 4 noci in salamoia, tagliate in quarti e 8 prugne denocciolate (snocciolate).

Carne "tritata" sudamericana

Serve 4

2 cipolle, tritate finemente o grattugiate
275 g di zucca sbucciata, zucca o zucchine (zucchine) non sbucciate, a cubetti
1 pomodoro grande, sbollentato, spellato e tritato
450 g/1 libbra/4 tazze di carne di manzo (macinata) grossolanamente
5–10 ml/1–2 cucchiaini di sale
Riso brasiliano

Mettere le verdure e tritare in una casseruola da 20 cm di diametro (forno olandese). Coprire con pellicola (involucro di plastica) e tagliarlo due volte per permettere al vapore di fuoriuscire. Cuocete a Pieno per 10 minuti, girando il piatto tre volte. Scoprire e schiacciare bene per rompere la carne. Coprire con un piatto e cuocere a fuoco pieno per 5 minuti, mescolando una volta. Lasciar riposare per 3 minuti e aggiustare di sale. La carne avrà una consistenza abbastanza morbida nel suo sugo non addensato. Servire con riso brasiliano.

Carne brasiliana "tritata" con uova e olive

Serve 4

Preparare come per la carne tritata sudamericana, ma omettere la zucca, la zucca o le zucchine (zucchine). Aggiungere 60 ml/4 cucchiai di brodo al composto di carne. Ridurre il tempo di cottura iniziale a 7 minuti. Dopo essere rimasto in piedi, incorporare 3 spicchi di uova sode (cotte a vapore) e 12 olive verdi denocciolate (snocciolate).

Il Panino Ruben

Serve 2

Come testimonierà qualsiasi nordamericano, il Reuben Sandwich aperto è una festa di un pasto, prodotto da gastronomie da New York alla California.

2 fette grandi di pane nero o di segale

Maionese

175 g di manzo salato, pastrami o petto, a fette sottili
175 g di crauti scolati
4 fette grandi e sottili Gruyère (Svizzera) o Emmental

Spalmate il pane con la maionese e disponete le fette una accanto all'altra su un piatto grande. Scaldare, senza coperchio, su Defrost per 1 minuto e mezzo. Ricoprite ogni piatto con la carne di manzo e guarnite con i crauti, schiacciandoli leggermente con una spatola. Coprite con il formaggio. Cuocere a fuoco pieno per 1½ -2 minuti fino a quando il formaggio si scioglie. Mangia subito.

manzo alla Chow Mein

Serve 4

Preparare come per Chicken Chow Mein, ma sostituire il pollo con il manzo.

Braciola Di Manzo Suey

Serve 4

Preparare come per la braciola di pollo Suey, ma sostituire il pollo con il manzo.

Casseruola Di Melanzane E Manzo

Serve 6

Questa specialità della Louisiana è una delizia per tutti ed è apprezzata dalla gente del posto.

4 melanzane (melanzane)

10 ml/2 cucchiaini di sale

45 ml/3 cucchiai di acqua bollente

1 cipolla, grattugiata finemente

450 g/1 libbra/4 tazze di manzo magro tritato (macinato).

75 g/3 oz/1½ tazze di pangrattato bianco fresco

1,5–2,5 ml/¼–½ cucchiaino di salsa al peperoncino

Sale e pepe macinato fresco

25 g/1 oz/2 cucchiai di burro

250 g/8 oz/2¼ tazze di riso americano a grani lunghi, bollito

Mondate, pelate e mondate le melanzane e tagliate a cubetti la polpa. Mettere in una grande ciotola o piatto e unire il sale e l'acqua bollente. Coprire con pellicola (involucro di plastica) e tagliarlo due volte per permettere al vapore di fuoriuscire. Cuocere a Pieno per 14 minuti. Lasciar riposare per 2 minuti. Scolare bene, quindi mettere in un frullatore o robot da cucina e frullare fino a ottenere una purea. Ungete bene una teglia bassa. Mescolare insieme la purea di melanzane, la cipolla, la carne di manzo, metà del pangrattato, la salsa di peperoni e sale e pepe nero appena macinato a piacere. Distribuire nella casseruola. Spolverizzate con il restante pangrattato, poi cospargete con scaglie di burro. Cuocere, senza coperchio, a fuoco pieno per 10 minuti. Far rosolare brevemente sotto una griglia calda (broiler) prima di servire, se lo si desidera, per rendere croccante la parte superiore. Servire con il riso.

Polpette Al Curry

Serve 8

675 g/1½ lb/6 tazze di manzo magro tritato (macinato).
50 g/2 oz/1 tazza di pangrattato bianco fresco
1 spicchio d'aglio, schiacciato

1 uovo grande, sbattuto

300 ml/10 fl oz/1 lattina di zuppa di pomodoro condensata

6 pomodori

10 ml/2 cucchiaini di salsa di soia

15–30 ml/1–2 cucchiai di curry in polvere delicato

15 ml/1 cucchiaio di passata di pomodoro (pasta)

1 dado di manzo

75 ml/5 cucchiai di chutney di mango

Riso bollito o purè di patate, per servire

Amalgamare la carne di manzo, il pangrattato, l'aglio e l'uovo. Formare 16 palline e disporle lungo il bordo di una teglia profonda 25 cm/10 di diametro. Amalgamare gli altri ingredienti e versare sopra le polpette. Coprire con pellicola (involucro di plastica) e tagliarlo due volte per permettere al vapore di fuoriuscire. Cuocete a Pieno per 18 minuti, girando il piatto quattro volte. Lasciar riposare per 5 minuti. Scoprire e irrorare le polpette con la salsa. Lasciare scoperto e riscaldare su Full per altri 1½–2 minuti. Servire con riso bollito o purè di patate.

polpette italiane

Serve 4

15 ml/2 cucchiai di olio d'oliva

1 cipolla, grattugiata

2 spicchi d'aglio, schiacciati

450 g/1 libbra/4 tazze di manzo magro tritato (macinato).

75 ml/5 cucchiai di pangrattato bianco fresco

1 uovo, sbattuto

10 ml/2 cucchiaini di sale

400 g/14 oz/1¾ tazze di passata (pomodori passati)

10 ml/2 cucchiaini di zucchero di canna morbido scuro

5 ml/1 cucchiaino di basilico o origano essiccato

Versare l'olio in una teglia profonda 20 cm/8 di diametro. Aggiungere la cipolla e l'aglio. Cuocere, senza coperchio, a fuoco pieno per 4 minuti. Unire la carne con il pangrattato, l'uovo e metà del sale. Formate 12 palline. Aggiungere nella casseruola e cuocere, senza coperchio, a fuoco Pieno per 5 minuti, rigirando le polpette a metà cottura. Stare in piedi mescolando insieme la passata, lo zucchero, l'origano e il sale rimanente. Versare sopra le polpette. Coprire con pellicola (involucro di plastica) e tagliarlo due volte per permettere al vapore di fuoriuscire. Cuocete a Pieno per 10 minuti, girando il piatto tre volte. Lasciar riposare per 3 minuti prima di servire.

Polpette veloci alla paprika

Serve 4–6

Questo è buono con patate lesse semplici o patatine fritte (patatine fritte) al microonde se sei davvero di fretta!

450 g/1 libbra/4 tazze di manzo magro tritato (macinato).

50 g/2 oz/1 tazza di pangrattato bianco fresco

1 spicchio d'aglio, schiacciato

1 uovo grande, sbattuto

300 ml/½ pt/1¼ tazze di passata (pomodori passati)

300 ml/½ pt/1¼ tazze di acqua bollente

30 ml/2 cucchiai di fiocchi di peperone rosso e verde (campana) essiccati

10 ml/2 cucchiaini di paprika

5 ml/1 cucchiaino di semi di cumino (facoltativo)

10 ml/2 cucchiaini di zucchero di canna morbido scuro

5 ml/1 cucchiaino di sale

150 ml di panna acida (acida da latte).

Amalgamare la carne, il pangrattato, l'aglio e l'uovo. Formate 12 palline. Disporre attorno al bordo di una teglia profonda 20 cm/8 di diametro. Unire la passata con l'acqua. Unire i fiocchi di pepe, la paprika, i semi di cumino, se utilizzati, e lo zucchero. Adagiarvi sopra le polpette. Coprire con pellicola (involucro di plastica) e tagliarlo due volte per permettere al vapore di fuoriuscire. Cuocete a Pieno per 15 minuti, girando il piatto tre volte. Lasciar riposare per 5 minuti, poi scoprire e incorporare il sale e la panna acida. Riscaldare, scoperto, su Full per 2 minuti.

Fetta di buffet di manzo alle erbe

Serve 8

900 g/2 libbre/8 tazze di carne macinata (macinata).
2 uova grandi, sbattute
1 dado di manzo
1 cipolla piccola, grattugiata finemente
60 ml/4 cucchiai di farina (per tutti gli usi).
45 ml/3 cucchiai di ketchup (catsup)
10 ml/2 cucchiaini di erbe aromatiche miste essiccate
10 ml/2 cucchiaini di salsa di soia
Foglie di menta e fettine di arancia sbucciate, per guarnire

Amalgamare bene tutti gli ingredienti tranne la salsa di soia. Stendere in una teglia rettangolare unta da 1¼ litro/2 pt/5 tazze a forma di teglia (teglia). Spennellate la superficie con la salsa di soia. Coprire con pellicola (involucro di plastica) e tagliarlo due volte per permettere al vapore di fuoriuscire. Cuocere a fuoco pieno per 10 minuti, quindi lasciare riposare nel microonde per 5 minuti. Cuocere su Defrost per altri 12 minuti, girando il piatto quattro volte. Lasciar riposare per 5 minuti, quindi scoprire e scolare accuratamente il grasso e i succhi in eccesso, che possono essere utilizzati per salse e sughi. Lasciare raffreddare, quindi trasferire con cura su un piatto da portata e guarnire con le foglie di menta e le fette d'arancia. Servire affettato.

Manzo alle arachidi alla malese con cocco

Serve 4

2 cipolle, tritate finemente
1 spicchio d'aglio, schiacciato
450 g/1 libbra/4 tazze di carne macinata (macinata) extra magra
125 g/4 oz/½ tazza di burro di arachidi croccante
45 ml/3 cucchiai di cocco essiccato (grattugiato).
2,5 ml/½ cucchiaino di salsa di peperoncino
15 ml/1 cucchiaio di salsa di soia
2,5 ml/½ cucchiaino di sale
300 ml/½ pt/1¼ tazze di acqua bollente
175 g/6 oz/1½ tazze di riso, bollito
Sottaceti orientali, per guarnire (facoltativo)

Mettere le cipolle, l'aglio e il manzo in una casseruola da 1,5 litri/2½ pt/6 tazze (forno olandese). Amalgamate bene con una forchetta, assicurandovi che la carne sia ben sbriciolata. Coprire con pellicola (involucro di plastica) e tagliarlo due volte per permettere al vapore di fuoriuscire. Cuocete a Pieno per 8 minuti, girando il piatto due volte. Scoprire e incorporare tutti gli altri ingredienti tranne il riso. Coprite come prima e cuocete a Pieno per altri 8 minuti, girando la casseruola tre volte. Lasciar riposare per 3 minuti. Scoprire e mescolare, quindi servire con riso bollito e sottaceti orientali, se lo si desidera.

Pagnotta veloce di manzo e maionese

Serve 6

Un secondo super dinner party, più lussuoso di quanto ci si aspetterebbe da un piatto così veloce da preparare.

750 g/1½ lb/6 tazze di manzo magro tritato (macinato).
15 ml/1 cucchiaio di fiocchi di peperone rosso e verde (campana) essiccati
15 ml/1 cucchiaio di prezzemolo tritato finemente
7,5 ml/1½ cucchiaino di sale per cipolle
30 ml/2 cucchiai di farina (per tutti gli usi).
60 ml/4 cucchiai di maionese densa
7,5 ml/1½ cucchiaino di senape in polvere
5 ml/1 cucchiaino di salsa di soia

Ungete bene una teglia profonda 20 cm/8 di diametro. Unire la carne di manzo con tutti gli altri ingredienti e distribuirla uniformemente nella teglia. Coprire con pellicola (involucro di plastica) e tagliarlo due volte per permettere al vapore di fuoriuscire. Cuocete a Pieno per 12 minuti, girando il piatto quattro volte. Lasciar riposare per 5 minuti, quindi sollevare la pagnotta dal piatto con due spatole, lasciando il grasso dietro. Trasferire su un piatto da portata caldo e tagliare in sei spicchi per servire.

www.ingramcontent.com/pod-product-compliance
Lightning Source LLC
Chambersburg PA
CBHW071817080526
44589CB00012B/823